끝내 이기게 하십니다

끝내 이기게 하십니다

지은이 | 이규현
초판 발행 | 2025. 11. 19
등록번호 | 제1988-000080호
등록된 곳 | 서울특별시 용산구 서빙고로65길 38 두란노빌딩
발행처 | 사단법인 두란노서원
영업부 | 2078-3333   FAX | 080-749-3705
출판부 | 2078-3331

책 값은 뒤표지에 있습니다.
ISBN 978-89-531-5217-5   03230

독자의 의견을 기다립니다.
tpress@duranno.com   www.duranno.com

ⓒ 이 출판물은 저작권법에 의해 보호를 받는 저작물이므로
무단 전재와 무단 복제, 무단 사용을 할 수 없습니다.

두란노서원은 바울 사도가 3차 전도여행 때 에베소에서 성령 받은 제자들을 따로 세워 하나님의 말씀으로 양육하던 장소입니다. 사도행전 19장 8-20절의 정신에 따라 첫째 목회자를 돕는 사역과 평신도를 훈련시키는 사역, 둘째 세계선교(TIM)와 문서선교(단행본·잡지) 사역, 셋째 예수문화 및 경배와 찬양 사역, 그리고 가정·상담 사역 등을 감당하고 있습니다. 1980년 12월 22일에 창립된 두란노서원은 주님 오실 때까지 이 사역들을 계속할 것입니다.

끝내 이기게 하십니다

결코 지지 않는 믿음

Victory

이규현 지음

두란노

머리말

패배의 자리에서 승리의 노래를 부르다

오늘날 패배의식에 젖은 그리스도인들이 생각보다 많이 보인다. 그들은 영적 삶에서 실패를 당연하게 여긴다. 영적 답보 상태에 빠져 한 걸음도 앞으로 나가지 못한다. 신앙생활의 연조는 쌓여 가지만 영적 활기를 잃어버린 지 오래다. 영적 활력이나 생동감을 상실한 채 무기력증에 시달린다. 영적 침체에 빠져 있거나 영적 전의를 상실한 그리스도인이 의외로 많다.

만만한 신앙생활은 없다. 그리스도인의 삶은 시험의 연속이다. 신앙 생활의 여정은 광야와도 같다. 매일이 평안하면 좋겠지만, 신자에게 고난은 불가피하다. 그리스도인이 가는 길은 넓은 길이기보다 좁은 길이다. 날마다 죄성과 싸워야 한다. 그런데도 우리는 쉽고 편안하게 살고 싶은 유혹에 무너질 때가 많다. 뿌리 깊은 구습들은 하루아침에 사라지지 않는다. 그리스도인들을 향한 사탄의 공격은 집요하다. 긴 신앙의 여정에서 우리의 싸움만으로는 승산이 없다. 믿음의 경주는 단거리가 아니라 장거리다. 한가해 보이는 종교 생활로는 실패할 가능성이 높다.

신자에게는 승리가 보장되었다

　신자는 실패를 당연하게 여기면 안 된다. 단순히 버텨 내기로 점철되는 것이 전부가 되어서도 안 된다. 그리스도인의 삶은 실패보다 승리로 가득 차야 한다. 그리스도가 이미 승리를 거두셨기 때문이다. 이스라엘은 광야에서 실패했지만 예수는 광야에서 마귀의 시험을 이기셨다. 우리가 그리스도를 따를 때 그리스도의 승리가 우리 것이 된다. 그리스도는 승리의 보증이 되신다. 우리는 실패할 수 없는 사람들이다. 신자에게는 승리의 삶이 보장되어 있다.

　승리를 위해서는 영적 기본기가 중요하다. 기본은 말씀이다. 말씀은 승리로 이끌어 주는 최고의 로드맵이다. 신자는 말씀에 능해야 한다. 말씀을 가까이하고 말씀에 사로잡혀야 한다. 말씀으로 무장한 신자는 강하다. 아무리 삶이 꼬이고 복잡해도 말씀은 답이 된다. 세상이 그냥 돌아가는 것 같지만 그렇지 않다. 모든 것이 말씀대로 돌아간다.

　무엇보다 성령의 인도를 받는 일상이 중요하다. 어려움이 올 때 홀로 이겨 내려고 발버둥 치면 안 된다. 내 열심만으로는 안 된다. 내 무능을 인정해야 한다. 무능을 인정할수록 성령의 도우심을 받을 수 있다. 성령은 말씀을 통해 우리를 인도하신다. 성령은 우리를 승리로 이끄신다. 신앙의 여정이 단순히 종교적 익숙함으로 향해서는 안 된다. 은혜가 쌓이고 쌓일 때, 신앙은 깊어지고 삶은 더 풍요로워진다.

패배주의를 걷어 내고 영적 자신감을 얻으라

이 책은 세 부분으로 나누어 영적 삶의 여정을 돕고자 했다. 첫 번째는 회복, 둘째는 성숙, 세 번째는 승리를 주제로 잡아서, 자연스럽게 신앙의 세 가지 골격을 세워 가도록 안내한다. 전체적으로는 시선을 하나님에게로 집중하고자 했다. 삶은 늘 요동치고 혼란스럽다. 불규칙한 상황을 주목하면 미궁에 빠진다. 역사를 주관하시는 분은 하나님이다. 절대주권의 신앙이 중요하다. 모든 것은 하나님 손안에 있다. 신자는 절망 속에서도 노래를 배운다. 고난을 통해서만 하실 하나님의 일이 있다.

세상은 우리의 생각이 아니라 하나님의 뜻대로 돌아간다는 것을 믿는다. 결국 믿음이 이긴다. 믿음으로 산다는 것은 추상적인 일이 아니다. 믿음은 큰일을 만들어 낸다. 일을 이루어 낸 곳에는 믿음이 있다. 믿음은 앞으로 나아가게 만든다. 믿음은 반전을 일으킨다. 믿음은 액세서리가 아니다. 믿음이 자라면 문제는 작아진다. 바다에 이는 파도가 문제가 아니다. 배가 작으면 작은 파도에도 흔들린다. 거함들은 파도를 두려워하지 않는다. 파도를 즐기는 서퍼들은 거센 파도를 타며 즐긴다. 믿음의 날개를 펴면 벼랑 끝에서 날아오른다.

삶은 맹렬하다. 닥쳐오는 고난은 난해하다. 그럼에도 믿음은 환난 중에도 즐거워하게 한다. 확신하는 것은 우리의 미래가 하나님 손에 달려 있다는 것이다. 우리가 믿는 하나님은 신실하시고 실패가 없으신 분이다. 우리에게는 소망이 없다. 오직 하나님에게만 소망을 두어야 한다.

이 책을 펴내는 목적은 패배주의를 걷어 내고 영적 자신감을 불러일으키고자 함이다. 매년 하반기가 시작되기 전, 영권 회복이라는 이름으로 열렸던 집회에서 성도들과 나눴던 은혜가 참으로 컸다. 이른 새벽 본당에 가득한 성도들의 영적 열기를 잊을 수 없다. 말씀을 통해 영적 회복이 일어났고 무기력증과 좌절감에 빠져 살던 성도들의 삶에 변화가 일어났다. 그런 성도의 변화가 이 책을 쓰게 했다. 이 책을 읽는 모두가 밋밋한 신앙생활을 끝내고 영적 활력을 되찾기를 바란다. 신앙생활에 대한 기대감으로 가슴이 뛰기를 바란다. 떠밀려 다니지 않고 백전백승하는 그리스도인으로 살아가도록 하는 일에 이 책이 조금이라도 쓰이기를 간절히 바란다.

이 책이 나오기까지 수고한 두란노와 오승영 목사, 수영로교회 홍보 출판팀에게도 감사를 드린다. 언제나 최고의 동역자인 아내에게도 고마움을 전하며 모든 영광을 하나님께 돌린다.

해운대에서
이규현 목사

Contents

머리말 · 4

1부 회복

1장 침묵도 응답이다 · 12
2장 반드시 이루신다 · 30
3장 진짜를 붙들라 · 52
4장 기도하면 달라진다 · 74
5장 절망 중에도 노래하라 · 94

2부 성숙

6장 하나님과 화평을 누리다 · 122
7장 환난 중에 즐거워하다 · 136
8장 하늘의 소망을 굳게 붙들다 · 154
9장 사랑이 마음에 부어지다 · 172

3부 　승리

10장 광야의 시험에서 승리하라 　· 188
11장 성령의 능력으로 승리하라 　· 210
12장 말씀의 능력으로 승리하라 　· 230
13장 예배의 일상으로 승리하라 　· 248

PART 1

회복

1장.
침묵도 응답이다

Victory

하박국 1:1-11

¹ 선지자 하박국이 묵시로 받은 경고라 ² 여호와여 내가 부르짖어도 주께서 듣지 아니하시니 어느 때까지리이까 내가 강포로 말미암아 외쳐도 주께서 구원하지 아니하시나이다 ³ 어찌하여 내게 죄악을 보게 하시며 패역을 눈으로 보게 하시나이까 겁탈과 강포가 내 앞에 있고 변론과 분쟁이 일어났나이다 ⁴ 이러므로 율법이 해이하고 정의가 전혀 시행되지 못하오니 이는 악인이 의인을 에워쌌으므로 정의가 굽게 행하여짐이니이다 ⁵ 여호와께서 이르시되 너희는 여러 나라를 보고 또 보고 놀라고 또 놀랄지어다 너희의 생전에 내가 한 가지 일을 행할 것이라 누가 너희에게 말할지라도 너희가 믿지 아니하리라 ⁶ 보라 내가 사납고 성급한 백성 곧 땅이 넓은 곳으로 다니며 자기의 소유가 아닌 거처들을 점령하는 갈대아 사람을 일으켰나니 ⁷ 그들은 두렵고 무서우며 당당함과 위엄이 자기들에게서 나오며 ⁸ 그들의 군마는 표범보다 빠르고 저녁 이리보다 사나우며 그들의 마병은 먼 곳에서부터 빨리 달려오는 마병이라 마치 먹이를 움키려 하는 독수리의 날음과 같으니라 ⁹ 그들은 다 강포를 행하러 오는데 앞을 향하여 나아가며 사람을 사로잡아 모으기를 모래 같이 많이 할 것이요 ¹⁰ 왕들을 멸시하며 방백을 조소하며 모든 견고한 성들을 비웃고 흉벽을 쌓아 그것을 점령할 것이라 ¹¹ 그들은 자기들의 힘을 자기들의 신으로 삼는 자들이라 이에 바람 같이 급히 몰아 지나치게 행하여 범죄하리라

답은 하나님께 있습니다

하박국은 어두운 상황 속에서 선지자가 하나님으로부터 받은 경고와 묵시를 기록한 말씀입니다. 하박국은 2천 5백여 년 전에 기록되었습니다. 그런데 당시 시대상이 오늘날 우리가 처한 상황과 매우 비슷합니다. 그래서 놀라지 않을 수 없습니다. 당시 시대적 상황을 보면, 도덕은 땅에 떨어졌습니다. 정치는 혼란스럽고 종교는 매우 타락했습니다. 사람들은 하나님을 떠나 우상을 숭배했습니다. 정의는 사라졌습니다. 의인은 악인에게 둘러싸였습니다.

오늘날도 마찬가지입니다. 도덕이 땅에 떨어졌습니다. 해괴망측한 일이 일어나는 것을 보며 '어떻게 이런 일이 일어날 수 있나'라고 생각하게 됩니다. 인간사에서 일어날 수 없는 일이 일어나고 있습니다. 이렇게 갈수록 혼란스러운 세상에서 그리스도인은 수많은 도전 속에 살아갑니다. 안정된 일상을 누릴 수 없습니다. 2천 5백여 년 전, 하박국 선지자가 하던 고민을 오늘날을 사는 우리도 똑같이 할 수밖에 없습니다.

하박국서는 하박국 선지자의 하나님을 향한 질문으로 시작합니다. 그런데 단순한 질문이 아닙니다. 하박국 선지자는 깊이 탄식하며 하나님께 묻습니다. 마치 하나님께 따지는 듯합니다. 불평에 가까운 질문입니다. 불만 섞인 항의입니다.

물론 하나님께 질문하는 것은 좋습니다. 신앙생활을 하다 보면 질문이 생깁니다. "하나님은 누구십니까?"라는 질문이 왜 생기지 않겠습니까? 질문이 생기는 것이 자연스럽습니다. 성경을 읽을 때도 우리는 하나님께 질문해야 합니다. 그 질문을 끌어안고만 있으면 안 됩니다. 신앙생활은 질문에 대한 답을 찾아가는 것입니다.

인생의 의미를 찾는 사람은 질문이 많습니다. 왜 질문합니까? 살다 보면 이해할 수 없는 일이 일어나기 때문입니다. 철학적인 사람, 깊이 생각하는 사람이 있습니다. 철학이 무엇입니까? 질문하는 것입니다. '인생이란 무엇인가', '사는 것은 무엇인가', '죽음은 무엇인가' 등 철학은 질문으로 가득합니다. 그런데 답은 없습니다. 깊이 생각한다고 답을 찾는 것은 아닙니다.

어떤 사람은 인생의 문제, 이해되지 않는 질문들 사이에서 스스로 답을 찾으려고 합니다. 그래서 인생이 망가집니다. 사람의 힘으로는 답을 찾을 수 없습니다. 우리 안에서는 선한 것이 나올 수 없습니다. 사람은 어리석습니다. 우리는 무지합니다. 이 사실을 인정해야 합니다. 스스로 똑똑해지려고 해서는 안 됩니다. 스스로 답을 만들어서는 안 됩니다.

그럼 우리는 누구에게 질문해야 합니까? 하나님께 질문해야 합니다. 하나님께 묻고 하나님으로부터 답을 얻어야 합니다. 질문을 가지고 하나님께 나아가야 합니다. 이것이 우리의 몸에 익어야 합니다. 신앙생활은 하나님께 나아가 질문하는 것으로 시작합니다. 하나님께 질문하지 않으면 답을 찾을 수 없습니다.

내 고집을 꺾는 게 신앙입니다

우리는 살면서 문제가 생기면 하나님께 나아가 기도합니다. 하나님께 질문합니다. 문제를 가지고 하나님께 나아가는 것은 중요합니다. 살면서 이해할 수 없는 일들을 가지고 하나님께 나아가야 합니다. 이해하지 못하면 행동하기 어렵습니다. 신앙은 이해의 폭을 넓히는 것입니다.

기도하는데도 답이 보이지 않을 때가 있습니다. 질문에 대한 답이 보이지 않을 때 우리는 갈등합니다. 하나님과 씨름합니다. 저는 목회자가 되기 전에도, 목회자가 되는 과정 중에도 고민이 많았습니다. 그래서 하나님 앞에서 씨름할 때가 많았습니다. 지금도 어떤 고민이 생기면 하나님 앞에서 식은땀을 흘리며 씨름할 때가 있습니다.

여호와여 내가 부르짖어도 주께서 듣지 아니하시니 어느 때까지리이까… 합 1:2a

하박국 선지자는 하나님이 자기 기도에 응답하시지 않자 불평했습니다. "내가 부르짖어도 왜 응답하지 않으십니까?", "어느 때까지 응답을 미루시겠습니까?"라고 따지듯 질문했습니다. 기도했음에도 상황이 나아지지 않았습니다. 오히려 더 안 좋아졌습니다.

어찌하여 내게 죄악을 보게 하시며 패역을 눈으로 보게 하시나이까 겁탈과 강포가 내 앞에 있고 변론과 분쟁이 일어났나이다 이러므로 율법이 해이하고 정의가 전혀 시행되지 못하오니 이는 악인이 의인을 에워쌌으므로 정의가 굽게 행하여짐이니이다 합 1:3-4

하박국 선지자는 매우 현실적인 고민을 했습니다. 그는 하나님께 "악인을 징벌하지 않고 왜 방치하십니까?", "악인으로 인해 수많은 사람이 고통당하는데 왜 저들을 그대로 두십니까?", "불의를 행하는 자들이 판을 치는데 하나님은 왜 가만히 계십니까?", "공의로우신 하나님 맞습니까?"라고 질문했습니다.

살다 보면 생각하는 대로 되지 않을 때가 많습니다. 기대한 것보다 좋지 않을 때가 많습니다. 그럴 때 사람들은 당황합니다. 절망합니다. 혼란스러워하고 분노합니다. 상황을 받아들이지 못합니다. 어떤 사람은 정신병에 걸리기도 합니다. 모든 일이 우리가 예측한 대로, 계획한 대로 된다면 얼마나 좋겠습니까? 물론 우리가 계획한 대로 될 때도 있습니다. 그러나 그렇지 않을 때가 더 많습니다. 나이가 들어 가면서 이것을 더욱 실감합니다.

그런데 생각하고 계획한 대로 되지 않는 것이 정상입니다. 계획한 대로 되지 않을 때, 어떻게 행동하는가가 중요합니다. 생각하고 계획한 대로 되지 않는 것을 받아들여야 합니다. 물론 쉽지 않습니다.

요즘은 가정에 자녀가 많지 않습니다. 한 명, 아니면 두 명입니다. 그렇다 보니 어떤 부모는 아이를 애지중지합니다. 자녀가 원하는 대로 다 해줍니다. 그렇게 자라 온 아이들은 자기 뜻을 꺾어 본 경험이 없기 때문에 모든 일이 자기 생각대로 되어야 한다고 여깁니다. 고집 센 아이가 전에 비해 많습니다. 자기 말을 안 들어준다고 아예 드러누워 버리는 애들도 있습니다. 그러면 부모는 아이에게 집니다. 해달라는 대로 다 해줍니다. 그러다 보면 아이의 고집은 점점 더 세집니다.

죄성은 고집으로 나타납니다. 자신이 생각한 대로, 마음먹은 대로, 원하는 대로만 되어야 한다고 생각합니다. 그러나 참 부모는 아이의 잘못된 고집을 꺾어야 합니다. 아이가 원하는 대로 다 들어주다 보면 도리어 그 아이의 인생이 힘들어집니다. 어떻게 인생이 내 뜻대로만 되겠습니까? 언젠가 벽에 부딪히는 때가 옵니다. 부모가 오냐오냐 키운 자식은 생각지 못한 일에 맞닥뜨리면 인정을 못 합니다. 받아들이지 못합니다. 그러므로 자신이 생각한 대로 되지 않을 수 있음을 받아들이는 것을 훈련해야 합니다.

사람들이 왜 하나님을 떠납니까? 자기 고집대로, 자기 뜻대로 살고 싶어서 그렇습니다. 누가복음 15장에 등장하는 탕자를 보십시오. 그는 아버지 없이 살고 싶어 집을 떠나 먼 곳으로 갔습니다. 하나님과 상관없이 살고 싶어 하는 것이 고집입니다. 내 고집대로 살면 망합니다.

사람의 고집과 하나님의 고집이 충돌할 때가 많습니다. 우리가 원하는 대로 움직이지 않으시는 하나님이 마음에 들지 않습니다. 그럴 때 우리는 하나님을 이기려고 합니다. 그런데 사람이 하나님의 고집을 꺾으려고 힘쓰는 것은 무모한 짓입니다. 믿음이 어릴 때는 그렇게 할 수 있다고 생각합니다. 그러나 신앙생활을 어느 정도 한 사람은 하나님을 이길 수 없다는 것을 압니다.

하나님 앞에서 내 고집이 꺾여야 합니다. 우리는 하나님 앞에서 고분고분해야 합니다. 침묵하시는 하나님 앞에서 기다릴 줄 알아야 합니다. 신앙생활을 하면서 기다림을 훈련해야 합니다. 기도했다고 하나님이 바로 응답하시는 것이 아닙니다. 질문했다면 응답하실 때까지 기다려야 합니다.

침묵도 응답입니다

저는 지금까지 목회하면서 '목회는 기다림이다'라는 것을 배웠습니다. 교회가 부흥하는 것도, 사람이 변화하는 것도 하나님의 때까지 기다려야 합니다. 목회자가 자신의 방식으로 몰아가면 하루도 목회할 수 없습니다.

하나님은 시간을 통해 일하십니다. 결론을 빨리 얻으려 하는 사람은 시험에 들 수 있습니다. 자신의 때를 주장하기 때문입니다. 시간을 자기 마음대로 조절하려는 사람은 스스로 하나님이 되어 있습니다. 신앙생활은 수동적으로 해야 합니다.

물론 기다림은 쉽지 않습니다. 힘듭니다. 그러나 모든 일에는 시간이 필요합니다. 기다리고 기다려야 합니다. 기다리면서 내 고집이 무너지는 것을 경험합니다. 내 고집대로 되지 않는다는 것을 깨닫습니다. 고집부려 봐야 도움이 되지 않는다는 것을 깨닫습니다. 그리고 하나님께 순복합니다.

성경에 보면 하나님이 침묵하실 때가 많습니다. 하박국 선지자는 하나님이 침묵하시는 동안 매우 힘들어했습니다. 우리도 마찬가지입니다. 하나님의 침묵이 길어질 때가 있습니다. 하나님이 쉽게 응답하지 않으실 때가 있습니다. 일평생 기도해도 변화가 없을 때가 있습니다. 어려움이 깊어질 때 하나님의 침묵은 견디기 어렵습니다. 하나님의 침묵이 지속되면 사람들은 절망합니다. 하나님이 침묵하실 때 우리는 신앙생활 중에 가장 힘든 시간을 보내게 됩니다.

예수님도 이런 힘든 시간을 보내셨습니다. 예수님은 십자가 위에서 "나의 하나님, 나의 하나님, 어찌하여 나를 버리셨나이까"(마 27:46)라고 부르짖으셨습니다. 이때도 하나님은 침묵하셨습니다. 아들이 고통 속에 있는데 하나님은 아무런 말씀도 하지 않으셨습니다. 예수님은 십자가 위에서 절규하셨습니다. 그러나 하나님은 입을 굳게 다무셨습니다.

세상 사람들은 절망을 부정적으로 생각합니다. 그러나 믿음의 세계, 신앙의 길에서는 절망이 나쁜 것이 아닙니다. 절망을 경험해야 합니다. 절망이 반드시 필요합니다. 절망을 통해 하나님께 나아가는 법을 배웁니다. 절망을 통해 소망으로 나아갈 수 있습니다. 절망을 경험하지 않은 사람은 하나님을 찾을 이유가 없습니다.

중요한 것은 절망이 아닙니다. 절망 이후가 중요합니다. 세상에서는 절망이 절망으로 끝납니다. 그러나 신자는 다릅니다. 우리의 끝은 우리 손에 있지 않기 때문입니다. 모든 것은 하나님의 손에 있습니다. 하나님이 침묵하시면 우리는 아무것도 할 수 없습니다. 그러나 하나님의 침묵이 하나님의 부재(不在)는 아닙니다. 침묵도 하나님의 임재 방식입니다. 예수님이 십자가 위에서 부르짖으실 때, 하나님은 침묵하셨지만 그 침묵을 통해 임재하셨습니다. 하나님은 침묵을 통해 예수님을 십자가에서 부활의 영광으로 이끄셨습니다.

하나님은 인간을 뛰어넘으십니다

여호와께서 이르시되 너희는 여러 나라를 보고 또 보고 놀라고 또 놀랄지어다 너희의 생전에 내가 한 가지 일을 행할 것이라 누가 너희에게 말할지라도 너희가 믿지 아니하리라 합 1:5

마침내 하나님이 말씀하셨습니다. 백성들이 믿지 않을 것이랍니다. 왜 믿지 않습니까? 하나님의 말씀을 이해할 수 없기 때문입니다.

성경은 하나님의 계시를 사람의 언어로 기록한 책입니다. 그런데 하나님은 사람의 언어를 뛰어넘는 분입니다. 사람의 언어로는 그분의 생각과 뜻을 다 표현할 수 없습니다. 사람의 언어로 설명할 수 없는 많은 부분이 감추어져 있습니다. 하나님이 아무리 설명하셔도 우리는 그분의 생각과 뜻을 이해할 수 없습니다.

하박국 선지자는 하나님이 침묵하시는 상황을 이해할 수 없었습니다. 그러다가 드디어 하나님이 침묵을 깨고 말씀하셨습니다. 그런데 이제는 하나님의 말씀을 이해할 수 없습니다. 이것이 사람의 한계입니다. 신앙의 세계는 만만하지 않습니다. 하나님을 아는 것, 하나님의 일을 아는 것은 사람의 지성과 경험을 뛰어넘는 것입니다.

> 보라 내가 사납고 성급한 백성 곧 땅이 넓은 곳으로 다니며 자기의 소유가 아닌 거처들을 점령하는 갈대아 사람을 일으켰나니 합 1:6

하박국 선지자는 하나님이 이스라엘을 징계하신 후에 회복시키실 것이라고 기대했습니다. 이스라엘이 이 정도 망가졌으면 이제 회복해야 한다고 생각했습니다. 그런데 하나님의 말씀은 하박국 선지자를 큰 혼란 속에 집어넣었습니다. 하나님은 이스라엘을 바닥으로 더 끌어내리셨습니다.

하박국 선지자가 모르는 것이 있었습니다. 이스라엘은 하박국 선지자가 아는 것보다 더 깊이 타락했습니다. 하나님이 보시기에 지금은 회복의 때가 아니었습니다. 그래서 하나님은 갈대아 사람, 곧 바벨론을 사용하셔서 이스라엘 백성을 고통 속에 몰아넣으셨습니다. 하나님의 생각과 하박국 선지자의 생각이 일치하지 않았습니다.

하나님은 생각지 못한 방식으로 응답하실 때가 있습니다. 지금의 상황보다 더 좋지 않은 상황으로 몰아가시기도 합니다. 이것은 우리가 기대하는 것과 전혀 다릅니다. 이런 상황에 처하면 상황을 받아들이기 어렵습니다. 하나님이 왜 이러시는가 이해할 수 없습니다. 하나님의 계획이 무엇인지 알 수 없습니다.

우리의 지성에는 한계가 있습니다. 우리가 이해할 수 있는 범위를 넘어선 일이 매우 많습니다. 우리의 경험도 한계가 있습니다. 우리가 아무리 많이 경험했다 하더라도 모든 것을 경험한 것은 아닙니다. 사람은 한계투성이입니다. 나조차도 나를 다 알지 못한 채 살다가 죽습니다.

인생의 주인은 내가 아닙니다. 그러므로 이해할 수 없는 일이 일어나는 것은 자연스러운 현상입니다. 이해되지 않기 때문에 하나님의 답이 틀렸다고 생각해서는 안 됩니다. 나에게 문제가 있는 것이지 하나님께 문제가 있는 것은 아닙니다. 우리는 이해할 수 없는 일이 일어나면 하나님께 따집니다. 생각한 대로 되지 않으면 실패라고 생각합니다. 그러나 그렇지 않습니다. 그저 계획한 대로 되지 않았을 뿐입니다.

하나님은 우리가 생각하는 대로 움직이시는 분이 아닙니다. 하나님은 우리의 생각을 뛰어넘어 역사하십니다. 그러므로 내가 생각한 대로 되지 않는다고 실망해서는 안 됩니다. 생각한 대로 되지 않는 것이 오히려 잘된 일일 때가 많습니다. 더 나은 길은 얼마든지 있습니다. 그러므로 '성공이다', '실패다'라고 우리가 결론 내릴 수 없습니다.

우리는 끝이라고 생각하지만 하나님의 계획은 계속 진행됩니다. 그러므로 내 뜻대로만 되어야 한다고 생각해서는 안 됩니다. 우리는 인생의 주인이 될 수 없습니다. 주인이 되어서도 안 됩니다. 내 인생의 주인이 내가 아니요 하나님이심을 고백해야 합니다.

하나님은 우리가 알 수 없는 방식으로 일하십니다. 하나님은 하박국 선지자에게 갈대아 사람들을 사용하셔서 이스라엘을 칠 것이라고 말씀하셨습니다. 갈대아 사람은 하나님을 모릅니다. 하나님이 악한 사람들을 사용하셔서 자신의 백성들을 어렵게 하겠다고 말씀하신 것입니다. 하나님이 악한 사람의 편이신 것 같습니다. 그러나 그렇지 않습니다. 하나님은 어떤 것이든 도구로 사용하실 수 있습니다. 세상의 모든 것은 하나님의 역사를 이루는 도구가 될 수 있습니다.

경쟁자가 잘되는 것을 보면 어떤 생각이 듭니까? 하나님이 실수하시는 것이라고 생각합니까? 하나님이 적을 형통하게 하실 때가 있습니다. 나를 괴롭히는 사람이 뭘 하든 잘되면 괜히 내가 더 초라하게 느껴집니다. 하나님을 믿고 살아야 할 이유가 없어 보입니다. 하나님이 하나님의 백성을 생각하지 않으시는 듯합니다.

하나님이 악인을 심판하지 않고 그대로 두시는 것을 우리는 이해할 수 없습니다. 악인이 번성하는 것을 보면 받아들이기 힘듭니다. 이때 하나님이 어디에 계시는지, 무엇을 하시는지 의문스럽습니다. 불법이 성행하고 악한 자들이 날뛰는 세상을 그대로 보고만 있어야 하는 건지 헷갈립니다.

아마 하박국 선지자도 그런 마음이었을 것입니다. 하나님이 갈대아를 일으켜서 강국이 되게 하셨습니다. 하나님이 왜 갈대아에게 힘을 주시는지 이해할 수 없습니다. 그들이 잘나서가 아닙니다. 하나님은 이스라엘을 심판할 때 도구로 사용하기 위해 갈대아를 일시적으로 강하게 하셨습니다. 하나님의 때가 되면 갈대아도 망합니다.

북한은 우리가 이해할 수 없는 나라입니다. 말이 되지 않는 독재국가입니다. 얼마나 많은 북한 국민이 학살을 당하고 있는지 모릅니다. 그뿐 아니라 이슬람 극단주의자인 탈레반도 있습니다. 그들이 아프가니스탄의 수도 카불을 점령하여 나라 전체가 혼란에 빠졌습니다. 탈레반이 손에 총을 들고 아이들과 여인들을 학대합니다. 미국이 손을 들었습니다. 탈레반이 승리한 것처럼 보입니다. 탈레반은 알라가 그들을 승리로 이끌었다고 확신합니다. 하나님은 왜 그들을 가만히 두십니까? 빨리 끝장내셔야 하는 것 아닙니까? 이해할 수 없습니다.

그러나 하나님은 때가 되면 반드시 그들을 심판하십니다. 그 때가 언제인지는 알 수 없습니다. 하나님은 역사의 주관자이십니다. 모든 것은 하나님의 통치 아래에 있습니다. 그러므로 우리는 어려운 상황 속에서도 하나님을 신뢰해야 합니다. 이해할 수 없는 일이 많다고 하나님을 오해해서는 안 됩니다. 우리가 이해할 수 없을 뿐입니다. 세상엔 우리의 이해와 상관없이 많은 일이 일어납니다.

하나님은 우리의 이해 범위와 이성의 한계를 넘어 일하십니다. 우리가 이해할 수 없어도 하나님은 여전히 일하십니다. 우연히 일어나는 일은 없습니다. '우연'이라는 말에는 시간이 목적과 이유 없이 그냥 일어난다는 의미가 있습니다. 하나님이 제외되어 있습니다. 그러나 하나님을 믿는 사람에게 우연은 없습니다. 하나님은 작은 일에도 개입하십니다. 작은 사건 속에도 하나님의 섭리가 작동합니다. 사소해 보이는 일 하나도 하나님의 주권을 벗어나 일어나지 않습니다. 그러므로 우리는 모든 일 속에서 하나님의 섭리를 보는 관점을 가져야 합니다. 하나님은 작은 일을 통해서도 하나님의 뜻을 실현하십니다.

언뜻 보면 세상이 힘 있는 자들에 의해 움직이는 듯합니다. 세상의 나라와 지도자들이 세상을 흔드는 듯합니다. 그러나 그렇지 않습니다. 미국이나 중국이 세상을 주도하는 것이 아닙니다. 사람은 역사를 주도하지 못합니다. 모든 결정권은 하나님 손에 있습니다. 모든 것은 하나님 주권 하에 있습니다. 이것을 믿어야 합니다.

하나님은 신실하십니다. 하나님은 전능하십니다. 하나님은 언제나 옳으십니다. 하나님은 한 치의 오차도 없으십니다. 하나님은 실수하지 않으십니다. 하나님은 실패하지 않으십니다. 지금 처한 상황이 마음에 들지 않아도 하나님을 신뢰하기 바랍니다. 하나님의 계획 속에서 모든 것이 이루어집니다.

역사는 그냥 흘러가는 것이 아닙니다. 하나님의 시간표에 의해 움직입니다. 모든 것이 하나님의 목적을 따라 움직입니다. 그것이 하나님 나라입니다. 그렇다면 연약한 죄인인 우리가 할 일은 무엇입니까? 우리는 하나님께 인생을 맡겨야 합니다. 하나님께 맡기는 것이 신앙훈련입니다. 우리가 이해하지 못한다고 하나님을 설득하려고 하지 마십시오. 우리가 이해할 수 없어도 하나님을 따르기로 결단하기 바랍니다.

하나님은 쉬지 않고 일하십니다. 그래서 세상이 움직입니다. 우리가 이해할 수 없고 해석할 수 없는 일이 있지만 세상이 멈추지 않고 움직이는 것은 하나님이 일하시기 때문입니다. 하나님의 섭리가 작동하기 때문입니다. 하나님 나라가 가까이 다가오고 있습니다. 우리는 하나님을 놓치지 말아야 합니다. 하나님을 굳게 붙들어야 합니다.

삶이 힘들 때 세상에서 답을 얻으려 하지 마십시오. 하나님께 나아가기 바랍니다. 하나님께 답을 구하기 바랍니다. 그럴 때 하나님은 우리에게 답을 주실 것입니다. 당장은 침묵하실 수 있습니다. 하나님이 주시는 답이 이해가 안 될 수도 있습니다. 그렇다 해도 그 뜻에 순복하기 바랍니다. 하나님을 붙잡기 바랍니다. 우리가 하나님을 붙잡고 나아갈 때, 하나님이 우리를 선한 길로 인도하실 것입니다.

2장.
반드시 이루신다

Victory

하박국 2:1-3

¹ 내가 내 파수하는 곳에 서며 성루에 서리라 그가 내게 무엇이라 말씀하실는지 기다리고 바라보며 나의 질문에 대하여 어떻게 대답하실는지 보리라 하였더니 ² 여호와께서 내게 대답하여 이르시되 너는 이 묵시를 기록하여 판에 명백히 새기되 달려가면서도 읽을 수 있게 하라 ³ 이 묵시는 정한 때가 있나니 그 종말이 속히 이르겠고 결코 거짓되지 아니하리라 비록 더딜지라도 기다리라 지체되지 않고 반드시 응하리라

하나님과 대화하면 해결됩니다

하박국 선지자는 하나님께 질문했고, 하나님은 대답해 주셨습니다. 그런데 하박국 선지자는 더욱 혼란스러웠습니다. 하나님의 응답을 이해할 수 없었습니다. 하박국 선지자는 재차 하나님께 묻습니다(합 1:12-17). 거룩하신 하나님이 왜 악인의 거짓과 패역을 방관하느냐는 것입니다. 하나님이 무기력해 보입니다. 하박국 선지자의 반응이 우리를 대변하는 듯합니다. 신앙생활을 하다 보면 우리도 하박국 선지자처럼 하나님께 "왜 가만히 계십니까?", "왜 악인을 처벌하지 않으십니까?"라고 묻고 싶을 때가 있습니다.

> 내가 내 파수하는 곳에 서며 성루에 서리라 그가 내게 무엇이라 말씀하실지 기다리고 바라보며 나의 질문에 대하여 어떻게 대답하실는지 보리라 하였더니 합 2:1

질문을 마친 하박국 선지자는 파수하는 곳, 성루에 있습니다. 거기서 하나님의 답변을 기다리고 있습니다. 하박국 선지자의 마음이 편하지 않습니다. 숨이 막힐 듯이 절망적인 상황 속에서 매우 절실하게 하나님의 응답을 기다리고 있습니다. 그의 가슴은 타는 듯했습니다.

기도하는 사람은 하나님의 응답을 기다립니다. 상황이 위급할수록 절실하게 기다립니다. 사실 기도는 하나님이 답이라는 믿음을 가진 사람이 하는 것입니다. 믿음이 있으니 하나님의 응답을 기다립니다. 하나님께 기대하는 게 있으니 기도합니다. 하나님께 기대하는 것, 그것이 믿음입니다. 믿음이 없으면 기다릴 수 없습니다.

하박국 선지자는 하나님이 기도를 들으신다는 것을 믿었습니다. 하박국 선지자가 서 있던 파수하는 곳은 적의 동향을 살필 수 있는 높은 곳입니다. 그가 왜 높은 곳에 올랐겠습니까? 하박국 선지자는 적들을 멸하여 달라고 한 기도가 이루어지는 것을 보기 원했습니다. 그는 기도했을 뿐 아니라 기도한 대로 이루어질 것을 기대하고 기다리고 바랐습니다. 기도가 현실이 되는 것을 바라보았습니다. 그래서 그는 높은 곳, 파수하는 곳에 서 있었습니다. 하나님께 가까이 다가갔습니다. 하나님이 말씀하실 것을 기다리며 귀를 기울였습니다. 기도했으면 그 기도가 구체적으로 이루어지는 것을 확인해야 합니다. 하나님은 우리의 기도에 응답하십니다. 그러므로 우리는 하나님의 응답을 기다려야 합니다.

'내가 기도하면 하나님이 들으실까?'라고 생각하는 사람이 많습니다. 하나님이 우리의 기도를 들으신다는 믿음이 흔들려서는 안 됩니다. 하나님은 우리의 기도를 놓치지 않으십니다. 하나님은 우리의 기도를 외면하지 않으십니다. 우리 생각으로는 하나님이 내 기도를 듣지 않으시는 것 같습니다. 그러나 하나님은 모든 사람의 기도를 들으십니다. 하나님이 침묵하시는 것 같지만 그것은 침묵이 아닙니다. 이 사실을 의심해서는 안 됩니다.

종교개혁자들은 하나님이 기도를 들으신다는 것을 확신했습니다. 이것은 종교개혁자들의 믿음의 토대였습니다. 하이델베르크교리문답 제129번을 보면, "하나님이 우리의 기도를 들으신다는 것은 우리가 간구하는 일에 대한 우리의 느낌보다 더 확실하다"라고 기록되어 있습니다. 하나님이 우리의 기도를 들으신다는 것은 확실한 사실입니다. 이보다 확실한 것은 없습니다. 얼마나 열심히 기도하는가는 중요하지 않습니다. 하나님이 우리의 기도를 들으시는 것이 중요합니다.

그러나 하나님의 응답을 기다리는 것은 어렵습니다. 기도를 포기하고 싶을 때가 많습니다. 기다리는 동안 별일이 다 일어납니다. 혼란 속에 빠질 수 있습니다. 재앙에 가까운 일을 겪기도 합니다. 사람들은 자기 생각대로 되지 않으면 절망합니다. 변화하지 않는 현실을 받아들이지 못합니다. 상황이 악화될수록 모든 것이 힘들게 느껴집니다. 모든 것이 끝났다고 생각합니다. 그래서 스스로 답을 찾고 결론을 내리려고 합니다.

　그러나 상황이 악화되었다고 모든 것이 끝난 것은 아닙니다. 하나님의 응답을 기다리는 사람은 자신의 생각과 전혀 다른 상황이 펼쳐져도 받아들여야 합니다. 상황이 악화되는 것까지도 받아들여야 합니다. 자신에게 주어지는 모든 상황을 끌어안아야 합니다. 하나님의 응답을 기다리는 사람은 하나님이 응답하실 것을 믿어야 합니다. 포기해서는 안 됩니다. 기도하다가 실패하는 이유는 기다리지 못해서입니다. 기다림에 지쳐 기도를 중단합니다. 그러나 어떤 이유로든 기도를 중단해서는 안 됩니다.

　하박국 선지자도 하나님께 기도했지만 상황은 오히려 악화되었습니다. 이제 하나님은 갈대아 사람을 일으켜서 이스라엘을 칠 것이라고 말씀하십니다. 응답을 받았는데 하나님을 이해할 수 없었습니다. 그렇지만 하박국 선지자는 하나님과 계속 대화했습니다. 질문을 멈추지 않았습니다. 이것이 중요합니다. 모든 것이 끝난 것 같을 때도 기도를 멈추지 말아야 합니다. 하박국 선지자는 하나님과 대화할 것이 남아 있다고 생각했습니다. 하나님이 말씀하실 것이 있다고 생각했습니다.

　자신이 생각한 것과 하나님의 응답이 전혀 다를 때, 모든 것이 끝이라고 생각할 수 있습니다. 만약 하박국 선지자가 하나님의 응답이 이해가 안 된다면서 더 이상 대화하지 않으려고 했다면, 기도하지 않으려고 했다면 정말 끝났을 것입니다. 그러나 하나님과의 대화가 끝나지 않았다면, 기도의 자리를 지키고 있다면 희망이 있습니다. 기도의 자리를 지키는 것은 매우 중요합니다. 포기하지 않고 기도하는 것, 기도의 자리를 지키는 것 자체가 하나님의 응답입니다.

기도는 하나님과의 대화(dialogue)입니다. 독백(monologue)이 아닙니다. 우리는 이해가 안 되면 하나님께 따집니다. 하나님은 우리 기도에 응답하십니다. 그런데 하나님의 응답이 이해가 안 됩니다. 그러면 우리는 하나님께 또 묻습니다. 우리는 자신의 아픔을 하나님께 아룁니다. 하나님의 답변을 기다립니다. 때로는 하나님이 침묵하시는 것 같습니다. 그러나 물러서지 않습니다. 기도의 자리에서 귀를 기울입니다. 그러므로 기도는 독백이 아니라 대화입니다.

세상 사람들은 문제를 만나면 독백합니다. 대화할 상대가 없기 때문입니다. 그들은 세상 속에, 문제 속에 고립됩니다. 세상엔 답이 없는데 거기에 고립되었으니 미칠 노릇입니다. 혼잣말하다가 이성을 잃습니다. 그러나 신자에게는 대화 상대가 있습니다. 이것이 신자의 특권입니다. 하나님이 우리의 대화 상대이십니다. 하나님은 우리가 무슨 말을 하든 다 들으십니다.

이 땅에서 누가 우리 이야기를 계속 들어주겠습니까? 이 땅에는 그런 사람이 없습니다. 부부 사이에도 상대방의 이야기를 계속 들어주지 않습니다. 아무리 친한 친구라도 만날 때마다 어려운 이야기만 한다면 화제를 돌리려고 할 것입니다. 위기를 만났을 때 사람들은 도움이 되지 않습니다. 내 아픔을 이해해 줄 사람이 없습니다.

하나님은 우리가 속에 있는 것을 모두 토해 내도 우리 이야기를 들으십니다. 무슨 말을 하든 다 들으십니다. 하나님은 시간과 장소에 구애받지 않으십니다. 언제든지 우리의 이야기를 들으십니다. 이것이 우리가 누리는 특권입니다. 하나님은 우리의 대화 상대가 되어 주십니다. 능력의 하나님이십니다. 사랑의 하나님이십니다. 하나님과 대화하면 모든 것이 해결됩니다.

하나님께 집중하면 승리합니다

> 여호와께서 내게 대답하여 이르시되 너는 이 묵시를 기록하여 판에 명백히 새기되 달려가면서도 읽을 수 있게 하라 합 2:2

하나님은 하박국 선지자의 거듭된 질문에 또 대답해 주십니다. 하박국의 하나님이 우리의 하나님입니다. 하나님은 우리에게도 말씀해 주십니다. 그러므로 우리가 기다려야 합니다.

사람들은 지금 무슨 일이 일어났는지 현상에 집중합니다. 상황으로 상황을 해석하려고 하면 답이 없습니다. 일어난 현상보다 그에 대한 하나님의 말씀이 중요합니다. 하박국 선지자는 하나님께 말씀을 구했습니다. 그는 하나님께만 주목했습니다. 오직 하나님의 말씀만 기대하고 기다렸습니다.

위기가 닥치면 우리가 할 수 있는 것이 없습니다. 그러므로 단순해져야 합니다. 오직 하나에 집중해야 합니다. 하나님의 말씀이 모든 것을 결정합니다. 위기의 때에 무엇인가 해야 한다고 생각하고 분주하게 움직여서는 안 됩니다. 묘수(妙手)를 찾으면 안 됩니다. 사람은 인생의 답을 알지 못합니다. 사람은 무지합니다.

팬데믹을 지나며 혼란한 시대가 되었습니다. 모든 것이 뒤엉켜 뒤죽박죽되었습니다. 혼란 속에서 우리 삶은 많이 단순해졌습니다. 하나님은 우리에게 많은 것을 정리하게 하셨습니다. 하나님 앞에 나아갈 수밖에 없게 하셨습니다. 하나님의 은혜를 강력하게 구하는 사람이 많아졌습니다.

상황에 사로잡히지 않아야 합니다. 문제 안에 빠져들면 실패할 수밖에 없습니다. 사건에 말려들면 이성을 잃을 수 있습니다. 감정을 조절할 수 없습니다. 광야에서는 하나님 한 분만 바라볼 수밖에 없습니다. 그러므로 우리는 위기의 때일수록 더욱 하나님께만 집중해야 합니다. 오직 하나님 한 분만 주목해야 합니다. 하나님을 주목하는 것, 하나님께만 집중하는 것이 기도입니다.

> 아무 것도 염려하지 말고 다만 모든 일에 기도와 간구로, 너희 구할 것을 감사함으로 하나님께 아뢰라 그리하면 모든 지각에 뛰어난 하나님의 평강이 그리스도 예수 안에서 너희 마음과 생각을 지키시리라 빌 4:6-7

언제 염려합니까? 집중해야 할 것에 집중하지 않을 때 염려합니다. 하나님께 집중하면 승리합니다. 그런데 하나님께 집중하는 것이 쉽지 않습니다. 요즘 사람들의 시선을 끄는 것이 매우 많습니다. 휴대폰을 보더라도 여러 가지 미디어로 인해 산만한 시간을 보냅니다. 사람들이 한 곳에 집중하지 못합니다. 이렇게 집중하지 못할 때, 우리 안에 염려가 밀고 들어옵니다. 염려하지 않으려고 노력해서 염려하지 않을 수 있다면 얼마나 좋겠습니까? 그러나 염려하지 않으려고 노력할수록 우리는 염려 속에 더 깊이 빠집니다.

염려는 상황에 집중하는 것이요, 기도는 하나님께 집중하는 것입니다. 염려 속에 있으면 삶이 힘들어집니다. 정신적으로 억압됩니다. 염려는 우리의 삶을 해칩니다. 그러므로 염려를 이겨야 합니다.

하나님은 하나님께 집중하는 사람, 하나님 앞에 앉아 기다리는 사람에게 응답하십니다. 하나님의 말씀에 귀를 기울이는 사람에게 말씀하십니다. 하박국 선지자는 하나님의 말씀을 기다렸습니다. 하나님께 집중했습니다(합 2:1). 모든 것은 하나님께 달려 있습니다. 그러므로 어려운 때에 우리는 하나님을 기다리고 바라보아야 합니다.

왜 하나님을 기다려야 합니까? 하나님이 우리에게 묵시를 주시기 때문입니다. 묵시는 비전을 의미합니다. 비전은 앞으로 일어날 일을 보여 주는 것입니다. 하나님은 하박국 선지자에게 미래를 보여 주셨습니다. 하나님은 묵시를 기록하여 판에 명백히 새기라고 하박국 선지자에게 말씀하셨습니다.

우리가 가지고 있는 성경은 하나님의 말씀을 기록한 책입니다. 기록된 하나님의 말씀에는 권위가 있습니다. 기록된 말씀대로 이루어지기 때문입니다. 그러므로 말씀을 기록하는 것은 굉장히 중요합니다.

> 말씀이 육신이 되어 우리 가운데 거하시매 우리가 그의 영광을 보니 아버지의 독생자의 영광이요 은혜와 진리가 충만하더라 요 1:14

하나님의 말씀은 곧 하나님이십니다. 하나님은 말씀하시고 그 말씀대로 이루십니다. 온 우주 만물도 말씀으로 창조하셨습니다. 만물은 하나님의 말씀을 따라 움직입니다. 사람의 생각이나 계획에 따라 움직이는 것이 아닙니다. 사람의 생각이 아무리 고상하다 해도 생각에 지나지 않습니다.

> 사람의 마음에는 많은 계획이 있어도 오직 여호와의 뜻만이 완전히 서리라 잠 19:21

세상에는 위인이 남긴 명언이 많습니다. 그러나 그것은 사람의 말에 불과합니다. 사람이 남긴 기록을 귀중하게 여길 수는 있습니다. 그러나 그것에 절대적 권위가 있는 것은 아닙니다. 하나님의 말씀에는 하나님의 의지가 담겨 있습니다. 하나님은 말씀하신 대로 반드시 이루십니다. 그러므로 하나님의 말씀은 중요합니다. 하나님의 말씀에는 절대적 권위가 있습니다. 하나님의 말씀보다 권위 있는 것은 없습니다.

하나님은 하박국 선지자에게 묵시를 명백히 새기고 달려가면서도 읽을 수 있게 하라고 하셨습니다(합 2:2). 이것은 말씀을 잊어서는 안 된다는 의미입니다. 어떤 상황에서도 하나님의 말씀이 눈에 띄게 하라는 의미입니다. 하나님의 말씀에는 비밀이 없습니다. 하나님은 누구든지 알아들을 수 있도록 진리를 선명하게 드러내셨습니다. 우리는 성경에 눈을 떠야 합니다. 명백하게 기록된 하나님의 말씀을 머리에 새길 뿐 아니라 마음 판에 새겨야 합니다. 오늘날 교회는 진리를 진리 그대로 드러내야 합니다. 진리를 세상 가운데 드러내야 합니다. 하나님의 말씀만이 세상에 답이 되기 때문입니다.

하나님의 말씀을 멀리할 때, 우리 삶은 위험해집니다. 말씀이 보이지 않습니까? 말씀이 들리지 않습니까? 그러면 상황만 보입니다. 이때가 위기입니다. 하나님의 말씀을 놓쳐서는 안 됩니다. 말씀이 희미해지면 안 됩니다. 말씀에 우리의 모든 것이 달려있습니다. 아무리 힘들어도 말씀이 분명하게 들려야 합니다. 말씀이 우리에게 다가와야 합니다. 말씀을 깨달아야 합니다. 말씀이 우리 마음을 움직여야 합니다. 말씀 속에 답이 있습니다. 말씀이 길입니다. 그러므로 하나님의 말씀을 놓치면 혼란에 빠집니다. 하나님의 말씀에 귀 기울이지 않고 세상의 소문과 풍문에 현혹되어서는 안 됩니다.

우리가 기도하면 하나님은 우리에게 말씀하십니다. 하나님은 다양한 방법으로 우리에게 답을 주십니다.

> 이르시되 내 말을 들으라 너희 중에 선지자가 있으면 나 여호와가 환상으로 나를 그에게 알리기도 하고 꿈으로 그와 말하기도 하거니와 내 종 모세와는 그렇지 아니하니 그는 내 온 집에 충성함이라 그와는 내가 대면하여 명백히 말하고 은밀한 말로 하지 아니하며 그는 또 여호와의 형상을 보거늘 너희가 어찌하여 내 종 모세 비방하기를 두려워하지 아니하느냐 민 12:6-8

하나님은 충성스러운 종 모세와 대면하여 하나님의 비밀을 명백히 다 말씀하셨습니다. 그뿐만이 아닙니다. 하나님은 우리에게도 신구약 성경을 주셔서 선명하게 말씀하셨습니다.

> 우리가 지금은 거울로 보는 것 같이 희미하나 그 때에는 얼굴과 얼굴
> 을 대하여 볼 것이요 지금은 내가 부분적으로 아나 그 때에는 주께서
> 나를 아신 것 같이 내가 온전히 알리라 고전 13:12

지금도 하나님은 다양한 방식으로 우리에게 말씀하십니다. 성경을 읽고 묵상할 때, 희미하던 것이 선명해집니다. 하나님의 말씀을 가까이할수록 삶이 명확해집니다. 하나님의 말씀은 하나님의 계시입니다. 계시는 하나님이 분명하게 드러내신 비밀입니다.

하나님은 우리를 구원하시기 위해 선명한 복음을 주셨습니다. 초등학생도 복음을 알아듣습니다. 복음은 어렵지 않습니다. 애매모호하지 않습니다. 우리가 나이가 들고 경험이 쌓여서 아는 것이 있습니다. 그러나 복음은 그런 지식과는 다릅니다. 하나님이 보여 주셔야만 복음을 알 수 있습니다.

하나님의 말씀이 임하면 사람이 달라집니다. 하나님의 말씀을 먹고 사는 사람은 무엇인가 다릅니다. 하나님의 말씀에 눈이 열려야 합니다. 성령을 통해 하나님의 음성을 분명하게 들어야 합니다. 그러므로 우리는 "내 눈을 열어서 주의 율법에서 놀라운 것을 보게 하소서"(시 119:18)라고 기도해야 합니다.

하나님의 음성을 듣지 못하면 삶이 멈추어 버립니다. 삶이 혼란 속에 빠질 수밖에 없습니다. 삶의 질서가 없습니다. 하나님은 우리에게 말씀하십니다. 다양한 방식으로 말씀하십니다. 우리

삶에서 하나님의 말씀이 끊어지지 않으면 삽니다. 하나님은 영이 열린 사람에게 말씀을 아낌없이 부어 주십니다.

정한 때가 되면 반드시 이루십니다

이 묵시는 정한 때가 있나니 그 종말이 속히 이르겠고 결코 거짓되지 아니하리라 비록 더딜지라도 기다리라 지체되지 않고 반드시 응하리라 합 2:3

한 절의 말씀 속에 성경의 핵심 주제가 다 들어 있습니다. 묵시는 정한 때가 있다고 합니다. 여기서 '정한 때'는 하나님의 때를 의미합니다. 지금 당장을 의미하는 것이 아닙니다. 본문에서의 정한 때는 이스라엘이 포로에서 풀려날 때입니다. 즉 이스라엘의 고통이 끝날 때, 하나님이 이스라엘을 자유하게 하시는 날이 올 것이라는 의미입니다.

지금은 생각대로 되지 않지만 하나님의 때가 있습니다. 끝나지 않을 것 같은 일이 끝나는 날이 올 것입니다. 하나님의 때가 되면 하나님이 반드시 풀어 주실 것입니다. 자유하게 하실 것입니다. 고난이 끝날 것입니다. 절망이 사라질 것입니다. 비록 더딜지라도, 하나님의 때가 되면 모든 것이 이루어질 것입니다.

성경은 오류가 없습니다. 거짓되지 않습니다. 하나님의 말씀은 진실 그대로입니다. 하나님이 말씀하신 대로 반드시 이루어집니다. 그러나 세상에는 진실이 없습니다. 진실이라고 말하지만 온전한 진실이 아닙니다. 온전히 진실한 사람은 한 명도 없습니다. 온전히 진실할 수도 없습니다. 그러나 성경은 진리입니다. 성경은 어제나 오늘이나 영원토록 동일하신 하나님의 말씀이기 때문입니다.

하나님은 종말이 속히 이르겠다고 하십니다. 모든 것이 드러나는 날이 반드시 옵니다. 결론을 맺는 날, 심판의 날이 옵니다. 그러므로 우리는 언제나 종말론적 관점을 가지고 살아야 합니다. 끝은 하나님 손에 있습니다. 역사는 하나님 손에 있습니다. 그러므로 별일이 다 일어나도, 초조해하거나 두려워하지 마십시오. 신약시대를 사는 신자는 종말이 임박했음을 압니다. 우리는 그날을 기다려야 합니다. 그날이 매우 가까이 다가왔습니다.

하나님의 응답을 기다리는 사람은 반드시 응답받습니다. 그런데 힘들고 어려운 때에는 응답이 더디게 느껴집니다. 하나님의 시간을 우리가 조정할 수 없습니다. 우리는 하나님의 때를 기다려야 합니다. 우리가 더디다고 느끼는 것이지, 하나님은 지체하시지 않습니다. 하나님은 언제나 정확하십니다. 하나님은 늦지도 빠르지도 않으십니다. 하나님이 정하신 때가 있습니다. 하나님의 때는 하나님만 아십니다. 하나님의 때가 되면 반드시 이루어집니다.

> 이스라엘 자손이 애굽에 거주한 지 사백삼십 년이라 사백삼십 년이 끝나는 그날에 여호와의 군대가 다 애굽 땅에서 나왔은즉 출 12:40-41

이스라엘 자손이 애굽에 거주한 지 430년 되는 날, 여호와의 군대가 애굽에서 나왔다는 것은 놀랍습니다. 하루도 오차가 없습니다. 하나님은 소름이 돋을 정도로 정확하십니다. 하나님은 정확한 때에 응답하십니다. 그러므로 초조해하지 마십시오. 하나님의 응답을 앞당기려고 하지 마십시오. 우리가 생각하기에는 빠른 것이 좋은 것 같지만 그렇지 않습니다. 조산(早産)은 위험합니다. 하나님만이 정확한 때를 아십니다.

우리는 타이밍을 맞추지 못해 실패합니다. 시작해야 할 때가 아닌데 시작합니다. 그만두어야 하는데 그만두지 않습니다. 우리는 시간을 움직일 수 없습니다. 그러므로 시간을 정확하게 분별해야 합니다.

하나님이 시간을 통해 하시는 일이 있습니다. 시간을 정확히 맞추지 않으면 안 되는 일이 있습니다. 과일은 시간을 통해 만들어집니다. 제철이 있습니다. 때에 맞는 온도와 일조량이 중요합니다. 우리도 마찬가지입니다. 하나님은 우리에게 은혜를 무한히 주실 수 있습니다. 그러나 때에 맞는 은혜가 있습니다. 세월을 통해 쌓이는 은혜가 있습니다. 이것은 하나님이 시간을 통해 우리에게 주시는 것입니다. 그러므로 시간 속에서 일하시는 하나님을 기다려야 합니다.

이스라엘 백성은 2주 만에 광야를 지나 가나안 땅에 들어갈 수 있었습니다. 그런데 하나님이 보시기에 그들에게 시간이 필요했습니다. 하나님은 시간을 통해 이스라엘 백성을 빚으셨습니다. 모세를 보십시오. 애굽의 궁궐에서 보낸 40년 동안 리더로서 충분히 준비한 듯 보였습니다. 그러나 그에게는 40년이란 시간이 더 필요했습니다. 하나님은 정확한 시간에 모세를 부르셨습니다.

은혜와 성화(聖化)는 속성 과정이 없습니다. 하나님의 때가 되어야 합니다. 하나님은 모든 것을 정확하게 보십니다. 우리가 보기에는 꼼짝하지 않는 것 같습니다. 숨이 막힐 듯합니다. 그러나 하나님의 때가 되면 한순간에 반전됩니다. 일이 풀리지 않을 때는 시간이 더디 가는 것 같습니다. 그런데 일이 풀리자 초고속으로 진행됩니다. 모든 것이 한꺼번에 풀립니다.

날이 가물어 비가 찔끔찔끔 올 때에는 땅에 큰 변화가 없습니다. 그러다가 폭우가 내리면 한순간에 천지가 물바다가 됩니다. 하나님이 정한 은혜의 때가 되면 복된 장맛비가 쏟아집니다. 하나님의 때를 기다리는 것이 믿음입니다. 하나님이 시간을 주도하십니다. 하나님이 생명을 주관하십니다. 우리는 믿음으로 하나님의 때를 받아들여야 합니다.

갈대아 사람들이 강대해졌습니다. 이스라엘 백성은 곤경에 빠졌습니다. 그러나 얼마 있지 않아 하나님은 메대와 바사를 일으키셔서 갈대아를 심판하셨습니다. 이것이 역사입니다. 사건 하나만 보면 역사가 보이지 않습니다. 역사를 살펴보면 역사 속에서 하나님의 흔적을 발견할 수 있습니다. 하나님이 바벨론을 일으키신 것은 이스라엘을 향한 일시적 징계였습니다. 하나님은 바벨론의 악을 묵인하지 않으셨습니다. 하나님은 하나님의 때에 바벨론을 심판하셨습니다.

하박국 선지자는 이것을 알지 못했기 때문에 하나님께 불평했습니다. 그래서 하나님은 "비록 더딜지라도 기다리라 지체되지 않고 반드시 응하리라"(합 2:3)고 말씀하셨습니다. 하나님은 하나님의 백성을 죄로부터 깨끗하게 하실 것입니다. 하나님의 백성을 회복시켜 주실 것입니다. 이것은 상상할 수 없는 일입니다. 그러나 하나님의 일은 진행되고 있습니다. 하나님의 말씀은 그대로 이루어질 것입니다. 그러므로 포기하지 말아야 합니다. 하나님을 바라보며 기다려야 합니다.

성루에 서 있던 하박국 선지자는 하나님이 응답하실 때까지 기도의 자리를 지켰습니다. 암울하고 아무것도 보이지 않아 답답했지만, 하박국 선지자는 파수하는 곳, 성루에 서서 하나님의 말씀을 기다렸습니다. 이것이 우리의 모습이어야 합니다. 미련스러울 정도로 기도의 자리에 머물러 있어야 합니다. 하나님이 응답하셔야 소망이 있습니다. 회복이 있습니다. 변화가 있습니다. 사람들의 눈에는 청승스러워 보일 수 있습니다. 미련하게 보일 수 있습니다. 그럴지라도 하나님의 응답을 기다리며 기도의 자리에서 버텨야 합니다.

하나님은 기도의 자리에서 버티는 사람을 주목하십니다. 하나님만 바라는 사람, 하나님만 구하는 사람, 하나님만 의지하는 사람을 사랑하십니다. 인내하지 못하고 자기 스스로 방법을 찾거나 포기하는 것이 아니라, 침묵 가운데서도 하나님만을 바라며 믿음을 가지고 포기하지 않고 그 앞에 엎드리는 사람을 하나님이 어떻게 사랑하지 않으실 수 있겠습니까? 하나님만이 답이시기 때문에 포기하지 않고 기도의 자리를 지킬 수 있습니다. 하나님 외에는 답이 없습니다.

하나님께 나아가는 우리의 태도가 중요합니다. 우리가 하나님의 말씀을 기다리고 기도의 자리에서 묵묵히 앉아있을 때 하나님이 우리를 만나 주시고 말씀하십니다.

> 너희가 온 마음으로 나를 구하면 나를 찾을 것이요 나를 만나리라
> 렘 29:13

기도의 자리를 지키는 것은 쉽지 않습니다. 그러나 기도의 자

리를 지킴으로 받는 복이 많습니다. 하나님을 바라야 합니다. 하나님께 소망을 두어야 합니다. 하나님이 전부이십니다. 하나님이 침묵하셔도, 현실이 생각과 다르게 흘러간다 해도 하나님만이 답이신 것을 믿고 기도의 자리에 머물러 있어야 합니다.

하나님만이 답이십니다. 그래서 우리는 하나님 앞에 엎드립니다. 하나님의 말씀만이 우리 인생의 유일한 길입니다. 그러므로 우리는 하나님의 말씀을 기다립니다. 하나님이 주시는 말씀이 있을 것입니다. 성령이 계시적으로 주시는 말씀이 있을 것입니다. 그것을 붙잡으면 승리합니다.

하나님은 기다리는 사람, 포기하지 않고 인내하는 사람, 하나님을 찾고 구하는 사람에게 반드시 응답하십니다. 지치지 마십시오. 포기하지 마십시오. 하나님만 바라십시오. 하나님만이 우리의 소망이십니다. 이 세상에는 소망이 없습니다. 세상의 소리는 우리에게 답이 되지 않습니다. 성령이 각 사람의 마음속에 말씀을 부어 주시면 위기는 더 이상 위기가 아닙니다. 하나님은 위기를 통해 놀라운 복을 부어 주십니다. 승리하게 하십니다. 하나님의 말씀은 하나님의 때에 반드시 이루어집니다.

3장.

진짜를 붙들라

하박국 2:4-17

4 보라 그의 마음은 교만하며 그 속에서 정직하지 못하나 의인은 그의 믿음으로 말미암아 살리라 5 그는 술을 즐기며 거짓되고 교만하여 가만히 있지 아니하고 스올처럼 자기의 욕심을 넓히며 또 그는 사망 같아서 족한 줄을 모르고 자기에게로 여러 나라를 모으며 여러 백성을 모으나니 6 그 무리가 다 속담으로 그를 평론하며 조롱하는 시로 그를 풍자하지 않겠느냐 곧 이르기를 화 있을진저 자기 소유 아닌 것을 모으는 자여 언제까지 이르겠느냐 볼모 잡은 것으로 무겁게 짐진 자여 7 너를 억누를 자들이 갑자기 일어나지 않겠느냐 너를 괴롭힐 자들이 깨어나지 않겠느냐 네가 그들에게 노략을 당하지 않겠느냐 8 네가 여러 나라를 노략하였으므로 그 모든 민족의 남은 자가 너를 노략하리니 이는 네가 사람의 피를 흘렸음이요 또 땅과 성읍과 그 안의 모든 주민에게 강포를 행하였음이니라 9 재앙을 피하기 위하여 높은 데 깃들이려 하며 자기 집을 위하여 부당한 이익을 취하는 자에게 화 있을진저 10 네가 많은 민족을 멸한 것이 네 집에 욕을 부

―――――――――――――――――――――――――――――――――― *Victory*

르며 네 영혼에게 죄를 범하게 하는 것이 되었도다 [11] 담에서 돌이 부르짖고 집에서 들보가 응답하리라 [12] 피로 성읍을 건설하며 불의로 성을 건축하는 자에게 화 있을진저 [13] 민족들이 불탈 것으로 수고하는 것과 나라들이 헛된 일로 피곤하게 되는 것이 만군의 여호와께로 말미암음이 아니냐 [14] 이는 물이 바다를 덮음 같이 여호와의 영광을 인정하는 것이 세상에 가득함이니라 [15] 이웃에게 술을 마시게 하되 자기의 분노를 더하여 그에게 취하게 하고 그 하체를 드러내려 하는 자에게 화 있을진저 [16] 네게 영광이 아니요 수치가 가득한즉 너도 마시고 너의 할례 받지 아니한 것을 드러내라 여호와의 오른손의 잔이 네게로 돌아올 것이라 더러운 욕이 네 영광을 가리리라 [17] 이는 네가 레바논에 강포를 행한 것과 짐승을 죽인 것 곧 사람의 피를 흘리며 땅과 성읍과 그 안의 모든 주민에게 강포를 행한 것이 네게로 돌아오리라

의인은 믿음으로 삽니다

하박국 2장 4절에 보면, "의인은 그의 믿음으로 말미암아 살리라"고 기록되어 있습니다. 이 말씀은 하박국의 핵심이요, 신앙의 근간이 되는 말씀입니다. 이 말씀은 신약성경에서도 여러 번 인용되었습니다.

복음에는 하나님의 의가 나타나서 믿음으로 믿음에 이르게 하나니 기록된 바 오직 의인은 믿음으로 말미암아 살리라 함과 같으니라 롬 1:17
또 하나님 앞에서 아무도 율법으로 말미암아 의롭게 되지 못할 것이 분명하니 이는 의인은 믿음으로 살리라 하였음이라 갈 3:11
나의 의인은 믿음으로 말미암아 살리라 또한 뒤로 물러가면 내 마음이 그를 기뻐하지 아니하리라 하셨느니라 히 10:38

이 말씀은 토론의 주제가 될 수 없습니다. "의인은 그의 믿음으로 말미암아 살리라"는 말씀은 선포입니다. 이것은 신앙고백이요 기독교 교리의 핵심입니다. 믿음은 신앙생활의 중심에 있습니다. 믿음이 우리를 살게 합니다. 지식, 경험이 우리를 살게 하지 않습니다.

종교개혁자 마틴 루터(Martin Luther)가 생각납니다. 중세 시대에는 행함을 강조했습니다. 사람은 자신의 죄를 해결하기 위해 무엇인가 해야 했습니다. 마틴 루터는 자신의 죄를 해결하기 위해 노력했지만 마음이 편하지 않았습니다. 죄책감을 해소할 수 없었습니다. 고행(苦行)을 해도 죄의 무게는 여전했습니다. 그는 미칠 것 같았습니다. 그래서 그는 자신을 정죄했습니다.

그러다가 로마서 1장 17절 말씀을 보고 그의 눈이 열렸습니다. 그는 이전에 경험하지 못한 기쁨을 느꼈습니다. 마치 길고 어두운 터널에서 빠져나오는 듯했습니다. 마틴 루터는 자신은 율법을 지키려 애쓰는데 하나님이 자신을 절망하게 한다고 오해했습니다. 하나님은 사람이 지킬 수도 없는 율법을 만드시고 신자를 학대하는 분이라고 생각했습니다. 그러나 "오직 의인은 믿음으로 말미암아 살리라"는 말씀이 루터를 살렸습니다. 짧은 한 구절이 루터를 새롭게 태어나게 했습니다.

이후 루터는 중세 시대에 어둠 속에 빠져 있던 사람들을 빛으로 인도했습니다. 복음에 자신의 생명을 던졌습니다. '오직 믿음'은 종교개혁의 기치였습니다. 종교개혁 5대 강령은 오직 성경(Sola Scriptura), 오직 은혜(Sola Gratia), 오직 믿음(Sola Fide), 오직 그리스도(Solus Christus), 오직 하나님께 영광(Soli Deo Gloria)인데, 이 중심에 '오직 믿음'이 있습니다.

하박국 선지자로부터 시작한 이 말씀은 사도 바울을 거쳐 종교개혁자 마틴 루터까지 이어지는 거대한 영적 물줄기라고 할 수 있습니다. 진리의 맥입니다. 역사 속에서 이어지는 진리의 맥을 우리도 붙든다는 것은 복 중의 복입니다. 마치 금맥을 따라가다가 금광을 발견한 것처럼 우리를 전율하게 합니다. 2,500년 전에 기록된 하박국 속에 이렇게 귀중한 보화가 있다는 것은 참으로 놀라운 일입니다. 이 말씀을 믿고 붙드는 것은 믿음의 선조가 걸었던 길을 따라가는 것입니다. 영광스러운 일입니다. 우리가 진리를 알게 된 것은 복중의 복이요 은혜 중의 은혜입니다. 그야말로 복음입니다. 이 말씀은 우리의 삶을 바꾸어 놓기에 부족함이 없습니다.

하박국 2장 4절에는 의인도 나오지만 마음이 교만한 사람도 나옵니다. 두 종류의 인생이 대조됩니다. "보라 그의 마음은 교만하며 그 속에서 정직하지 못하나"라고 합니다. 교만한 자는 믿음으로 살지 않습니다. 이런 사람은 자신을 믿습니다. 자신이 가진 것을 믿습니다. 스스로를 높이며 살아갑니다. 자신의 힘으로 살아갑니다. 하나님을 의지하지 않습니다. 스스로 노력하고 만족합니다.

교만한 사람은 바벨론을 가리킵니다. 하나님은 바벨론의 멸망을 예고하셨습니다. 바벨론은 교만하여 망할 것입니다. 그러나 이스라엘은 바벨론과 다르게 살아야 합니다. 믿음으로 살아야 합니다. 이스라엘은 하나님이 하시는 일에 눈을 떠야 합니다.

> 그는 술을 즐기며 거짓되고 교만하여 가만히 있지 아니하고 스올처럼 자기의 욕심을 넓히며 또 그는 사망 같아서 족한 줄을 모르고 자기에게로 여러 나라를 모으며 여러 백성을 모으나니 합 2:5

믿음으로 살지 않는 사람, 하나님을 의지하지 않는 사람은 교만한 사람입니다. 그러므로 교만은 작은 죄가 아닙니다. 교만은 원죄와 같습니다. 하나님과 같이 되려고 하는 것입니다. 모든 죄는 교만으로부터 시작합니다. 교만은 원초적으로 하나님을 떠난 것입니다. 교만은 우리 안에 계속 들어옵니다. 교만의 뿌리는 매우 질깁니다. 하나님 앞에 엎드려 눈물 흘리며 회개하지만 얼마 가지 않아 우리 안에 다시 교만이 싹틉니다.

교만한 사람은 하나님을 두려워하지 않습니다. 교만한 사람은 욕심이 강합니다. 만족할 줄 모릅니다. 모든 것을 자기중심적으로 생각합니다. 또한 그들은 정직하지 않습니다. 자신을 포장하고 그럴싸하게 꾸밉니다. 교만과 거짓은 늘 함께합니다.

바리새인들은 종교적 열심이 있었지만 예수님이 보시기에 악한 사람이었습니다. 예수님이 보시기에는 세리와 창기가 바리새인보다 나았습니다. 바리새인들은 정직하지 않았습니다. 그들은 자신을 열심히 포장했습니다. 그들은 자신들이 우월하다고 생각했습니다. 그래서 교만했습니다. 자신과 같지 않은 사람들을 경멸했습니다. 그리고 자신을 과시했습니다. 자신을 증명하기에 바빴습니다.

하나님을 의지하지 않는 사람들은 자존심으로 살아갑니다. 자존심을 중요하게 생각하는 사람은 매우 위험합니다. 자신을 붙들고 살기 때문입니다. 이런 사람들은 허위, 허세, 허영이 많습니다. 자기 힘으로 의를 만들려고 합니다. 교만한 사람에게는 하나님이 개입하실 수 없습니다.

바벨론은 승리에 도취해 있었습니다. 하나님이 이스라엘을 징계하시기 위해 바벨론을 일시적으로 흥하게 하셨는데, 바벨론은 자신들이 잘나서 흥한다고 생각했습니다. 바벨론은 자신들이 이스라엘보다 낫다고 생각했습니다. 이것은 착각입니다. 바벨론이 이스라엘보다 나아서 하나님이 바벨론을 세우신 것이 아닙니다. 하나님은 바벨론을 일시적으로 사용하셨을 뿐입니다. 그런데 바벨론은 착각했습니다.

세상에도 이런 사람이 많습니다. 교만한 사람은 착각합니다. 자신은 도덕적으로 산다고 생각하고, 다른 사람에게 피해를 주지 않고 산다고 생각하면서 스스로 만족합니다. 다른 사람들보다 도덕적으로 우위에 있다고 생각합니다. 이들의 내면에는 자기 자랑과 우월의식으로 가득합니다. 물론 인본주의적 관점으로 보면 사람은 크게 문제 될 것이 없습니다. 그러나 성경적 관점으로 보면 사람은 죄성을 좇는 존재입니다. 본질상 진노의 자녀입니다(엡 2:3). 하나님의 자비와 긍휼이 없으면 소망이 없습니다. 아무리 노력해도 하나님의 심판을 받아야 합니다. 이것이 성경적 관점입니다.

금은보화도 권세도 언젠가 사라집니다

우리는 선택하고 결단해야 합니다. 내 힘으로 무엇인가 성취하고 그것으로 만족하며 살겠습니까? 아니면 내게는 기대할 것이 없음을 인정하고 하나님께 항복하고 하나님을 의지하며 살겠습니까? 내가 만든 의에서 비롯된 자신감을 가지고 살겠습니까, 아니면 하나님이 만드신 의를 붙들고 살겠습니까? 자신을 믿고 살 것인가, 하나님을 믿고 살 것인가 선택해야 합니다.

선택의 기로에서 기준이 중요합니다. 우리는 선택 기준이 믿음이어야 합니다. 믿음이 삶의 방식이어야 합니다. 믿음을 기준으로 선택하는 사람은 자신이 이해하고 경험한 것을 기준으로 선택하지 않습니다. 믿음은 자신의 힘과 재주를 의지하는 것이 아니라 하나님의 능력을 의지하는 것입니다.

> 이는 우리가 믿음으로 행하고 보는 것으로 행하지 아니함이로라
> 고후 5:7

이것이 믿음의 삶의 기준입니다. 믿음으로 사는 사람은 눈에 보이는 것에 따라 움직이지 않습니다.

믿음으로 애굽을 떠나 왕의 노함을 무서워하지 아니하고 곧 보이지 아니하는 자를 보는 것 같이 하여 참았으며 히 11:27

눈에 보이는 현상과 상황을 따라가면 믿음으로 살 수 없습니다. 상황은 언제나 우리를 두렵게 합니다. 언뜻 보면 이스라엘이 망한 것 같고 바벨론이 영원할 것 같습니다. 그러나 하나님은 바벨론의 교만을 꺾으실 것입니다. 바벨론은 영원하지 않습니다. 믿음의 눈으로 보면 이스라엘이 끝이 아니요, 바벨론이 영원하지 않다는 것이 보입니다. 하나님이 이스라엘을 일으키실 것이 보입니다.

믿음의 눈으로 보지 않으면 현상만 보입니다. 그러나 믿음의 눈으로 보면 현상 너머를 볼 수 있습니다. 현상만 바라보고 살면 낙심하고 염려할 수밖에 없습니다. 절망할 수밖에 없습니다. 두려움과 불안에 떨 수밖에 없습니다. 그러나 히브리서 11장에 등장하는 믿음의 사람들은 눈에 보이는 것보다 보이지 않는 것을 따라 살았습니다. 그들의 동인(動因)은 믿음입니다. 아브라함은 눈에 보이지 않는 것을 따라 살았기 때문에 고향과 친척과 아버지의 집을 떠날 수 있었습니다. 조카 롯에게 좋은 땅을 양보할 수 있었습니다. 믿음으로만 볼 수 있는 세계가 있습니다.

우리가 믿음으로 살아가다 보면 망할 것 같습니다. 손해 볼 것 같습니다. 밑지는 것 같습니다. 계산해도 답이 나오지 않습니다. 예수님을 믿지 않는 사람들이 보기에 믿는 사람이 제정신이 아닌 것처럼 보일 수 있습니다. 그런데 그렇게 보이는 것이 맞습니다. 예수님을 믿는 사람이 세상 사람들과 똑같이 살아가는 것이 잘못된 것입니다. 이처럼 예수님을 믿는 사람과 세상 사람은 삶의 방식이 다릅니다.

> 우리가 주목하는 것은 보이는 것이 아니요 보이지 않는 것이니 보이는 것은 잠깐이요 보이지 않는 것은 **영원함이라** 고후 4:18

우리 눈에 보이는 것과 보이지 않는 것의 차이를 분명하게 알아야 합니다. 지금 우리 눈에 보이는 것은 사실입니다. 그러나 잠깐 있다가 없어집니다. 분명히 가지고 있습니다. 그런데 어느 순간 사라집니다. 그것이 현금이든 부동산이든 보석과 값비싼 물건들이더라도 마찬가지입니다. 영원한 것은 없습니다. 아무리 붙들고 있어도 소멸합니다. 그러므로 지금 내 소유물이라면서 이름을 써 놓을 필요도 없습니다. 언젠가는 다 사라질 것들입니다. 믿음의 사람은 이것을 분명히 압니다.

무엇을 믿고 삽니까? 눈에 보이는 것은 영원하지 않습니다.

언젠가는 없어집니다. 모든 것이 다 그렇습니다. 믿을 만한 것이 무엇입니까? 아무리 대단한 권세를 가졌다 해도, 그 권세가 얼마나 유지되겠습니까? 눈에 보이는 것은 허망한 것입니다. 언제까지 잠깐 있다가 사라질 것을 붙들겠습니까? 언제까지 신기루와 같은 것, 눈에는 보이지만 아무 가치도 없는 것을 붙들겠습니까? 육안에 보이는 것을 따라 살면 삶이 혼란스럽습니다.

그러므로 믿음이 중요합니다. 눈에 보이는 것과 보이지 않는 것을 분별하는 지혜가 믿음입니다. 믿음으로 사는 것과 믿음으로 살지 않는 것은 뚜렷하게 구분됩니다. 우리는 한 치 앞을 알 수 없습니다. 하나님은 사람을 창조하실 때 미래를 모르게 하셨습니다. 사람의 지각으로 어느 정도 예측할 수는 있지만, 예측에 불과합니다. 미래는 우리 손에 있지 않습니다. 앞으로 무슨 일이 일어날지 알 수 없습니다. 그래서 우리는 불안을 느끼며 살아갑니다. 미래를 아는 데 지식은 도움이 되지 않습니다. 오히려 많이 아는 것이 우리를 더 불안하게 합니다. 모르는 것이 낫습니다. 지식이 우리를 행동하게 하지 않습니다. 오히려 행동하지 못하게 합니다. 우리를 행동하게 하는 것은 믿음입니다. 어려운 때에는 믿음의 사람이 빛을 발해야 합니다.

믿음이 무엇입니까? 미래를 맡기는 것이 믿음입니다. 믿음의 사람은 하나님께 미래를 맡깁니다. 하나님은 만물을 주관하십니다. 역사(歷史)를 주관하십니다. 하나님은 모든 것을 다스리십니다.

> 새긴 우상은 그 새겨 만든 자에게 무엇이 유익하겠느냐 부어 만든 우상은 거짓 스승이라 만든 자가 이 말하지 못하는 우상을 의지하니 무엇이 유익하겠느냐 나무에게 깨라 하며 말하지 못하는 돌에게 일어나라 하는 자에게 화 있을진저 그것이 교훈을 베풀겠느냐 보라 이는 금과 은으로 입힌 것인즉 그 속에는 생기가 도무지 없느니라 합 2:18-19

우상은 거짓 스승이라고 했습니다. 우상은 말을 못 합니다. 돌이나 나무로 만들었으니 생명도 없습니다. 거기에 사람이 은과 금을 입힌 것이 우상입니다. 한마디로 우상은 가짜입니다. 가짜는 화려합니다. 진짜는 꾸미지 않습니다. 꾸밀 이유가 없습니다. 진짜이기 때문입니다. 그러나 우상은 속 빈 강정처럼 겉모양만 번지르르하게 꾸며서 사람을 속입니다. 사람은 스스로 우상을 만들고, 자신이 만든 우상에 속습니다. 이렇게 사람이 어리석습니다.

믿음으로 살지 않는 사람은 삶이 허약합니다. 늘 불안해하고 허전해 합니다. 그래서 허상을 좇습니다. 우상숭배를 하는 것입니다. 불안하고 허전할수록 우상을 크고 화려하게 만듭니다. 그렇게 할수록 인생은 헛된 곳으로 빠져듭니다. 이것은 낭비 중의 낭비입니다. 그러다가 망하고 맙니다. 바벨론이 그러했습니다. 그들에게 엄청난 힘이 주어졌습니다. 그래서 그들은 주변 나라들을 괴롭혔습니다.

민족들이 불탈 것으로 수고하는 것과 나라들이 헛된 일로 피곤하게
되는 것이 만군의 여호와께로 말미암음이 아니냐 합 2:13

믿음으로 사는 것은 선택사항이 아닙니다. 믿음에 기초를 두지 않으면 집을 세울 수 없습니다. 마치 모래 위에 집을 짓는 것과 같습니다. 하나님 없이 아무리 노력한들 소용없습니다. 모든 것이 불타 없어집니다. 마침내 바벨론은 무너지고 말았습니다. 그러므로 믿음 없는 삶은 허상에 불과합니다.

사람의 열심과 재주로 사는 것은 한계가 있습니다. 한때 성공할 수는 있겠지만 잠깐에 불과합니다. 오래가지 못합니다. 믿음 없이 세운 것은 망할 수밖에 없습니다. 잘되는 것 같아도 잘되는 것이 아닙니다. 잘된다고 착각할 뿐입니다.

믿음으로 산다는 것은 행동하는 것입니다

참으로 하나님을 믿는다면 모든 것을 걸어야 합니다. 믿음은 추상명사가 아닙니다. 믿음은 동적(動的)입니다. 동력(動力)을 일으킵니다. 믿음은 행동으로 나타나야 합니다. 믿음은 우리를 가만히 있게 하지 않습니다. 믿음은 우리를 움직이게 합니다. 행동하게 합니다. 그러므로 하나님을 믿는다면 행동할 수밖에 없습니다.

창조의 하나님을 믿는 사람은 한계도 불가능도 없습니다. 행동하게 하는 믿음 때문에 가만히 있지 못합니다. 믿음이 점점 커지면 가슴이 뜁니다. 하나님께 모든 것을 맡기고 싶어집니다. 우리가 믿는 것이 현실이 될 것이라고 확신하기 때문입니다. 아침에 눈을 뜨면 가슴이 벅차오릅니다. 하나님이 위대한 일을 행하실 것을 기대하는 마음이 생깁니다.

> 믿음으로 아벨은 가인보다 더 나은 제사를 하나님께 드림으로 의로운 자라 하시는 증거를 얻었으니 하나님이 그 예물에 대하여 증언하심이라 그가 죽었으나 그 믿음으로써 지금도 말하느니라 히 11:4

아벨은 하나님께 제사를 온전히 드리기 원했습니다. 그리고 믿음대로 행동했습니다.

> 믿음으로 노아는 아직 보이지 않는 일에 경고하심을 받아 경외함으로 방주를 준비하여 그 집을 구원하였으니 이로 말미암아 세상을 정죄하고 믿음을 따르는 의의 상속자가 되었느니라 히 11:7

노아는 하나님이 말씀하신 것을 믿고 산에 방주를 지었습니다. 노아는 자신의 믿음을 행동으로 표현했습니다.

> 믿음으로 아브라함은 부르심을 받았을 때에 순종하여 장래의 유업으

로 받을 땅에 나아갈새 갈 바를 알지 못하고 나아갔으며 믿음으로 그가 이방의 땅에 있는 것 같이 약속의 땅에 거류하여 동일한 약속을 유업으로 함께 받은 이삭 및 야곱과 더불어 장막에 거하였으니 이는 그가 하나님이 계획하시고 지으실 터가 있는 성을 바랐음이라 히 11:8-10

아브라함은 하나님의 말씀에 순종하여 고향과 친척과 아버지의 집을 떠나 약속의 땅을 향해 나아갔습니다.

믿음으로 기생 라합은 정탐꾼을 평안히 영접하였으므로 순종하지 아니한 자와 함께 멸망하지 아니하였도다 히 11:31

라합은 자신의 생명을 걸고 정탐꾼을 숨겨 주었습니다. 이 일 때문에 죽을 수도 있었습니다. 그러나 라합은 믿음으로 행동했습니다. 믿음이 라합을 그렇게 행동하게 했습니다.

믿음으로 행동하다 보면 때로는 위험합니다. 손해를 봅니다. 그러나 멈출 수 없습니다. 믿음은 지식이 아닙니다. 믿음으로 산다는 것은 믿음으로 행동하는 것입니다. 믿음으로 시도하는 것입니다. 믿음으로 모험하는 것입니다.

"나는 하나님을 믿습니다"라고 말만 하고 믿음으로 행동하지 않는다면 믿는 것이 아닙니다. 지금까지 신앙생활을 하면서 자신의 믿음을 행동으로 드러낸 적이 있습니까? 믿음 때문에 위험한 선택을 한 적이 있습니까? 믿음 때문에 벼랑 끝에 서 본 적이 있습니까? 새는 날아야 합니다. 날지 않는다면 날개가 있을 이유가 없습니다. 날개는 거추장스러운 것이 아닙니다. 새의 정체성입니다. 새가 벼랑 끝에 섰을 때 날개가 진가를 발휘하는 것처럼, 믿는 우리도 벼랑 끝에 섰을 때에 믿음이 진가를 발휘합니다. 믿음이 없는 삶은 의미 없습니다. 지루함이 반복될 뿐입니다.

지금까지 살아오면서 위험한 선택을 몇 번 했습니다. 돌이켜 보면 어떻게 그렇게 선택할 수 있었는지 의문스럽습니다. 하나님이 제게 믿음을 주셔서 선택할 수 있었습니다. 믿음으로 선택한 것입니다. 이처럼 하나님은 우리에게 믿음을 주십니다. 이것이 은혜입니다. 믿음은 하나님이 주신 최고의 선물입니다. 믿음은 우리의 삶을 결정합니다. 믿음으로 살아갈 때 삶의 질이 달라집니다. 그러므로 우리는 하나님께 가슴 뛰게 하는 믿음을 구해야 합니다.

> 나의 의인은 믿음으로 말미암아 살리라 또한 뒤로 물러가면 내 마음이 그를 기뻐하지 아니하리라 하셨느니라 히 10:38

믿음으로 살 때 초점이 분명해집니다. 믿음으로 사는 사람은 물러나지 않습니다. 믿음의 사람은 반드시 일을 해냅니다. 믿음은 앞으로 나아가게 합니다. 일이 이루어지는 곳에는 반드시 믿음의 사람이 있습니다. 회의하고 의논하는 것도 좋습니다. 그러나 의논하다 보면 믿음과 반대되는 곳으로 흘러갈 수 있습니다.

회의론자(懷疑論者)는 문제점을 잘 찾아냅니다. 그러나 문제점을 극복하거나 일을 성취하는 추진력은 없습니다. 합리적으로 생각하는 사람은 많습니다. 그러나 이런 사람은 기적이나 초월을 생각하지 못합니다. 지나치게 이성적으로 생각할 뿐입니다. 물론 그들의 논리는 맞는 말입니다. 그런데 뭔가 답답합니다. 믿음은 합리성을 뛰어넘습니다. 믿음은 하나님의 일하심을 기대하며 행동하게 합니다. 믿음은 생각하는 것이 아니요 행동하는 것입니다. 그러므로 믿음의 사람은 믿음으로 정면 돌파합니다. 믿음으로 정면 승부합니다.

믿음으로 사는 사람은 남들이 보지 못하는 것을 보고 발견하지 못하는 것을 발견합니다. 믿음의 사람은 세상의 보화가 아니라 하늘의 보화를 발견합니다. 믿음의 사람은 어려움을 만나면 오히려 강해집니다. 위기의 때에 믿음이 필요합니다.

우리 인생은 하나님 손에 있습니다

세상에는 우리에게 도움이 될 만한 것이 없습니다. 붙들어야 하는 것을 붙들어야 합니다. 부질없는 것을 붙들면 한순간에 무너질 수 있습니다. 아무리 대단해 보이는 나라도 한순간에 무너질 수 있습니다. 바벨론은 당대를 대표하는 강대국이었습니다. 그러나 지금은 역사 속에 사라져 버렸습니다. 애굽이 그러했습니다. 페르시아가 그러했습니다. 잠깐 영광을 누렸을 뿐입니다. 인간의 흥망성쇠가 하나님의 손에 있습니다. 그러므로 우리는 하나님이 누구신가를 알아야 합니다.

하나님이 자신을 계시하시는 통로가 있습니다. 우리는 이 통로를 통해 하나님이 어떤 분이신가 엿볼 수 있습니다.

첫째, 피조 세계를 통해 하나님을 알 수 있습니다. 우주가 얼마나 크고 넓은지 우리는 다 알 수 없습니다. 과학을 동원해도 알 수 있는 부분은 극히 작은 영역입니다. 하나님도 그렇습니다. 하나님은 어마어마하게 크신 분입니다. 이렇게 큰 우주 만물을 창조하신 분이니 그 크심을 인간이 어떻게 다 알 수 있겠습니까? 동시에 하나님은 작은 것 하나에도 섬세하신 분입니다. 작은 들꽃 하나에도 하나님의 놀라운 지혜가 담겨 있습니다. 하나님은 멋진 분입니다. 하나님은 예술가이십니다. 이처럼 우리는 피조 세계를 통해 하나님을 알 수 있습니다.

둘째, 역사를 통해 하나님을 알 수 있습니다. 역사는 하나님을 증거합니다. 세상의 역사가는 하나님을 감추려고 하지만, 하나님은 역사의 중심에 계십니다. 오죽하면 역사의 큰 획을 주님이 오시기 전과 후로 나누겠습니까? 우리가 흔히 말하는 '기원전'은 영어로 'Before Christ(B.C.)'라고 표기합니다. '예수님 이전

시대'라는 뜻입니다. '주전(主前)'이라고도 말합니다. '기원후'는 'Anno Domini(A.D.)'라고 하는데, 이것은 라틴어로 '예수님이 오신 해'라는 뜻입니다. '주후(主後)'라고도 합니다. 우리는 모두 그리스도께서 오신 후의 시간을 살고 있습니다. 예수님을 빼면 역사를 말할 수 없습니다.

셋째, 성경을 통해 하나님을 알 수 있습니다. 하나님은 성경을 통해 하나님을 드러내십니다. 사무엘상 2장에 기록되어 있는 한나의 노래를 보면, 하나님이 어떤 분인가를 알 수 있습니다. 하나님이 행하신 일을 알 수 있습니다.

> 여호와는 죽이기도 하시고 살리기도 하시며 스올에 내리게도 하시고 거기에서 올리기도 하시는도다 여호와는 가난하게도 하시고 부하게도 하시며 낮추기도 하시고 높이기도 하시는도다 가난한 자를 진토에서 일으키시며 빈궁한 자를 거름더미에서 올리사 귀족들과 함께 앉게 하시며 영광의 자리를 차지하게 하시는도다 땅의 기둥들은 여호와의 것이라 여호와께서 세계를 그것들 위에 세우셨도다 삼상 2:6-8

우리는 하나님의 주권을 믿습니다. 하나님은 한순간에 모든 것을 뒤집어 놓으실 수 있습니다. 그러므로 믿음의 사람이 기도하면 무섭습니다. 무슨 일이 일어날지 알 수 없습니다. 우리는 믿음의 역사를 통해 하나님이 누구신가를 드러내야 합니다. 믿음은 하나님의 영광을 드러냅니다. 우리가 믿음으로 살 때, 하나님의 영광이 드러납니다.

그러므로 우리는 믿음으로 살아야 합니다. 하나님의 사람이 믿음으로 살지 못하면, 하나님의 영광이 드러날 수 없습니다. 이스라엘이 믿음으로 살지 않았기 때문에 하나님의 영광을 가렸습니다. 이방으로부터 수치를 당했습니다.

> 풀은 마르고 꽃은 시드나 우리 하나님의 말씀은 영원히 서리라 하라
> 사 40:8
> 이는 물이 바다를 덮음 같이 여호와의 영광을 인정하는 것이 세상에 가득함이니라 합 2:14

세상의 영광은 초라하게 끝납니다. 사람이 스스로를 아무리 높여도 풀과 꽃처럼 시들고 마릅니다. 오래가지 않습니다. 우리가 하는 것을 점검해 봅시다. 지금 우리가 붙들고 있는 것이 10-20년 후에도 의미 있을까요? 지금은 쟁취하기 위해 경쟁하고 싸우지만 멀리 내다보면 열 낼 이유가 하나도 없습니다.

믿음은 멀리 보게 합니다. 이것이 믿음이 주는 축복입니다. 멀리 보면 현실을 정확하게 볼 수 있습니다. 다가올 하나님의 나라를 보면 지금 자신의 삶을 객관적으로 볼 수 있습니다. 인생은 짧습니다. 무엇을 하든 하나님께 물으십시오. 무엇을 하든 믿음으로 시작해야 합니다. 믿음으로 시작하지 않는 것은 의미 없습니다. 자아 만족, 자아도취, 자아 숭배로 끝납니다.

믿음은 하나님의 영광을 주목하게 합니다. 믿음으로 사는 것은 하나님의 영광을 위해 사는 것입니다. 하나님의 영광으로 가득한 세상을 바라보며 믿음으로 살아야 합니다. 이것이 하나님이 우리에게 원하시는 것입니다. 사람들은 하나님의 영광을 추구하지 않습니다. 요즘 개인주의가 득세합니다. 자아를 숭배하는 시대입니다. 자신을 만족시키는 것에서 벗어나지 못합니다. 이것은 굉장히 위험합니다. 믿음으로 행하지 않는 것이 당연합니다.

그러나 물이 바다를 덮음같이 온 세상에 하나님의 영광을 인정하는 때가 반드시 옵니다. 하나님의 나라가 다가옵니다. 하나님의 나라가 다가오는 것을 보며 사는 것이 믿음의 삶입니다. 그러므로 믿음의 눈을 떠야 합니다.

사람의 관점으로 보면 실패한 것 같고 바닥을 치는 것 같은 때가 있습니다. 그러나 믿음의 눈으로 보면 절대 망하지 않습니다. 하나님은 하나님의 백성을 다시 일으켜 주십니다. 하나님이 우리의 모든 것을 결정하십니다. 하나님은 지금도 일하십니다. 하나님은 성실하십니다. 공의로우신 하나님은 모든 것을 공정하게 심판하십니다. 우리는 하나님을 믿습니다. 하나님을 믿는 믿음은 우리를 살게 하는 힘입니다.

믿음의 전성기가 언제였습니까? 전성기 때의 믿음을 회복시켜 달라고 기도하기 바랍니다. 모든 것이 무너져도 우리는 낙심해서는 안 됩니다. 거침없이 날아올라야 합니다. 떠밀려서는 안 됩니다. 세상은 합리주의, 이성주의에 빠져 있습니다. 사람들은 자신의 이성을 '신'이라 생각하고 살아갑니다. 하나님은 이성을 넘어 역사하십니다. 우리는 이성을 넘어 역사하시는 하나님, 초월적인 하나님을 신뢰해야 합니다. 세상은 흔들려도 믿음으로 사는 사람은 흔들리지 않습니다. 모든 역사는 하나님의 손에 있으므로 우리는 흔들릴 이유가 없습니다. 하나님이 우리 인생의 중심에 서 계십니다. 우리가 믿음으로 살아야 하나님께 영광을 돌릴 수 있습니다.

우리가 붙든 것 중 믿음으로 선택하지 않은 것은 모두 내려놓아야 합니다. 우상을 다 내려놓아야 합니다. 오직 하나님만 붙들어야 합니다. 하나님의 전능하심을 믿어야 합니다. 의심과 의혹을 버려야 합니다. 믿음으로 살기를 구해야 합니다. 믿음이 없으면 우리는 아무것도 아닙니다.

하나님은 한국 교회를 사용하기를 원하십니다. 그러므로 우리는 믿음을 구해야 합니다. "믿음을 주시옵소서. 믿음으로 살게 하여 주시옵소서. 믿음으로 이기게 하여 주시옵소서. 믿음으로 돌파하게 하여 주시옵소서. 믿음으로 전진하게 하여 주시옵소서"라고 기도해야 합니다.

하나님이 하시면 됩니다. 하나님은 하나님의 백성, 믿음으로 사는 자녀의 손을 들어 주실 것입니다. 우리를 승리하게 하실 하나님을 바라보기 바랍니다.

4장.
기도하면 달라진다

Victory

하박국 3:1-6

¹ 시기오놋에 맞춘 선지자 하박국의 기도라 ² 여호와여 내가 주께 대한 소문을 듣고 놀랐나이다 여호와여 주는 주의 일을 이 수년 내에 부흥하게 하옵소서 이 수년 내에 나타내시옵소서 진노 중에라도 긍휼을 잊지 마옵소서 ³ 하나님이 데만에서부터 오시며 거룩한 자가 바란 산에서부터 오시는도다 (셀라) 그의 영광이 하늘을 덮었고 그의 찬송이 세계에 가득하도다 ⁴ 그의 광명이 햇빛 같고 광선이 그의 손에서 나오니 그의 권능이 그 속에 감추어졌도다 ⁵ 역병이 그 앞에서 행하며 불덩이가 그의 발 밑에서 나오는도다 ⁶ 그가 서신즉 땅이 진동하며 그가 보신즉 여러 나라가 전율하며 영원한 산이 무너지며 무궁한 작은 산이 엎드러지나니 그의 행하심이 예로부터 그러하시도다

기도하는 사람에게 평강을 주십니다

믿음의 사람은 기도합니다. 믿음은 기도를 통해 드러납니다. 기도는 믿음이 없으면 할 수 없습니다. 우리는 하나님이 우리의 기도를 들으신다는 것을 믿는 믿음으로 기도해야 합니다.

성도의 기도는 역사를 바꿉니다. 그러므로 우리는 기도하는 것을 대수롭지 않게 생각해서는 안 됩니다. 기도를 과소평가해서는 안 됩니다. 그렇다면 우리는 어떻게 기도해야 합니까? 하박국 3장을 보면 기도의 모범이 나옵니다. 우리는 하박국을 통해 기도를 배울 수 있습니다.

성경에는 믿음의 사람의 기도가 나옵니다. 아브라함의 기도, 모세의 기도, 다윗의 기도, 한나의 기도 등 믿음의 사람은 기도했습니다. 하박국 3장은 "시기오놋에 맞춘 선지자 하박국의 기도라"(1절)라고 시작합니다. 즉 하박국 3장 전체는 하박국 선지자의 기도입니다. 또 시요 노래입니다. 시적 운율, 리듬이 있는 기도입니다. 하박국 3장에는 시적인 표현이 많이 나옵니다.

본문 배경을 살펴보면, 하박국 선지자는 예루살렘이 멸망했다는 소식을 들었습니다. 그는 이런 좋지 않은 상황에서 믿음으로 하나님께 기도했습니다. 기도하는 것은 중요합니다. 상황이 악화되는 것을 끝이라고 생각해서는 안 됩니다. 상황이 악화되면 기도할 마음이 없어집니다. 그래서 최악의 상황 가운데 기도하지 않는 사람이 많습니다. 그러나 그럴수록 더 기도해야 합니다. 상황이 어떠하든지 기도하는 것을 밀추어서는 안 됩니다. 하나님의 사람은 감정과 분위기, 상황과 상관없이 기도의 자리를 지켜야 합니다.

여호와여 내가 주께 대한 소문을 듣고 놀랐나이다 여호와여 주는 주의 일을 이 수년 내에 부흥하게 하옵소서 이 수년 내에 나타내시옵소서 진노 중에라도 긍휼을 잊지 마옵소서 합 3:2

하박국 선지자는 1장에서 "여호와여 내가 부르짖어도 주께서 듣지 아니하시니 어느 때까지리이까 내가 강포로 말미암아 외쳐도 주께서 구원하지 아니하시나이다"(2절)라고 기도했습니다. 마치 하나님께 따지는 듯했습니다. 정제되지 않은 언어를 사용하여 거칠게 기도했습니다.

우리도 힘들고 어려울 때 악을 쓰며 기도합니다. 시편에 보면 악을 쓰는 기도가 많이 기록되어 있습니다. 하나님께 떼를 쓰는 듯한 기도, 하나님께 원망을 쏟아내는 기도, 분노가 폭발하는 듯한 기도가 많습니다.

그런데 3장에 오니 하박국 선지자의 기도가 그때와 대조됩니다. 그는 1장에서와 다른 모습으로 하나님께 기도하고 있습니다. 하박국 선지자는 하나님을 몰아붙이지 않았습니다. 기도하다 보면 기도하는 사람이 변화합니다. 이것이 기도에 있어서 가장 중요합니다. 문제를 가지고 기도하다가 문제에서 눈을 떼고 하나님을 주목하게 됩니다. 이것은 기도 응답보다 더 중요합니다.

처음에는 문제에 집중합니다. 당장 상황이 전환되기를 기대하며 기도합니다. 그러나 어느 순간부터는 하나님을 바라보게 됩니다. 하나님을 바라보면 여유로워집니다. 문제에 집중할 때에는 문제 때문에 안달복달하지만, 하나님을 주목하면 자신도 모르게 여유로워집니다. 문제가 해결된 것이 아닙니다. 하나님이 주시는 자유함을 경험합니다. 마음이 평안해집니다.

기도는 하나님과 나누는 가장 아름다운 대화입니다. 하나님 앞으로 나아가 꾸준히 기도하는 사람은 안정감을 경험합니다. 기도하는 사람이 경험하는 안정감은 돈으로 구입할 수 없습니다. 이것은 오랜 시간 하나님께 기도하며 하나님과 교제한 사람만 경험할 수 있습니다. 이것은 기도를 통해 하나님을 알아가기 때문에 나타나는 놀라운 변화입니다. 기도를 통해 경험할 수 있는 최고의 축복입니다.

자신이 믿는 하나님이 어떤 분인가를 알면 삶이 달라집니다. 하박국 선지자도 그랬습니다. 그는 기도하며 하나님이 어떤 분인가를 깨달았고, 삶이 달라졌습니다. 이전에 그는 바벨론을 대단하게 생각했습니다. 자신과 이스라엘에게 일어난 일이 매우 크게 느껴졌습니다. 문제가 해결되지 않을 것 같아 초조했습니다. 그런데 하나님을 주목한 후에 하박국 선지자는 바벨론이 아무것도 아니라는 것을 깨달았습니다. 하박국 선지자는 문제로부터 벗어나기 시작했습니다.

기도하는 가운데 중요한 것은 기도하는 사람이 달라지는 것입니다. 기도하는 사람이 달라지면 그 기도의 내용도 달라집니다. 기도하는 자세도 달라집니다. 어렸을 때는 별일 아닌 것에도 야단법석입니다. 그러다가 자라면 웬만한 일에는 놀라지 않습니다. 더 이상 발을 동동 구르지 않습니다. 영적으로도 마찬가지입니다. 영적으로 자라면 기도의 수준이 달라집니다. 하나님과의 관계가 깊어지면 상황을 보는 눈이 달라집니다.

그렇게 될 때 기도는 예배가 됩니다. 하나님을 묵상할수록 문제는 작아지고 하나님은 커집니다. 기도는 노래가 됩니다. 하나님을 높여 드리는 것 외에 우리가 할 것이 없습니다. 그래서 "하나님은 하나님이십니다. 하나님은 크십니다. 하나님은 위대하십니다. 하나님은 영광을 받기에 합당하십니다. 하나님보다 크신 분은 없습니다"라고 고백하게 됩니다.

예배는 기도의 중심을 잡아 줍니다. 하나님께 기도하는 것이 하나님을 경배하는 것입니다. 기도의 중심에 경배가 있습니다. 그러므로 기도가 곧 경배입니다. 기도를 통해 하나님의 하나님

되심을 고백하시기 바랍니다. 우리의 삶에 놀라운 일이 일어날 것입니다.

하나님을 알면 참된 부흥을 경험합니다

하박국은 "여호와여 내가 주께 대한 소문을 듣고 놀랐나이다"라고 기도했습니다. 놀랐다는 것은 하나님이 하신 일에 대한 반응입니다. 하나님의 경이로움에 충격을 받았다는 의미입니다. 하나님은 우리를 놀라게 하십니다.

'주께 대한 소문'은 단순한 이야기가 아닙니다. 하나님의 역사(役事)를 의미합니다. 하박국 선지자는 하나님이 과거에 행하신 일에 대한 소문을 들었습니다. 하나님은 구원을 위해, 심판을 위해 많은 일을 행하셨습니다. 하나님이 행하신 크고 놀라운 일에 대해 들으면 하나님을 경외하게 됩니다. 이것은 신앙생활에 있어서 매우 중요합니다. 하나님께 대해 놀라는 것이 신앙입니다. 하나님께 대해 감탄하는 것이 바로 예배입니다.

세상을 살면서 우리를 감탄하게 하는 일이 무엇입니까? 세상에는 우리가 감탄할 만한 것이 없습니다. 그러나 하나님은 우리를 감탄하게 하십니다. 우리를 놀라게 하십니다. 하나님이 행하시는 일은 우리의 상상을 초월합니다. 하나님은 경이로우십니다. 성경에는 경이로우신 하나님에 대한 소문으로 가득합니다.

하나님은 위대한 일을 많이 행하셨습니다. 하나님은 애굽의 왕 바로를 꺾으시고 홍해를 가르셔서 이스라엘 백성을 애굽에서 구해 내셨습니다. 여리고 성을 무너뜨리시고 가나안을 정복하게 하셨습니다. 정탐꾼들이 가나안 땅에 들어갔을 때, 그곳에 사는 사람들은 이스라엘 백성이 출애굽한 것을 알고 있었습니다. 그래서 라합도 정탐꾼들에게 "여호와께서 이 땅을 너희에게 주신 줄을 내가 아노라 우리가 너희를 심히 두려워하고 이 땅 주민들이 다 너희 앞에서 간담이 녹나니"(수 2:9)라고 말했습니다.

> 그의 광명이 햇빛 같고 광선이 그의 손에서 나오니 그의 권능이 그 속에 감추어졌도다 역병이 그 앞에서 행하며 불덩이가 그의 발 밑에서 나오는도다 그가 서신즉 땅이 진동하며 그가 보신즉 여러 나라가 전율하며 영원한 산이 무너지며 무궁한 작은 산이 엎드러지나니 그의 행하심이 예로부터 그러하시도다 합 3:4-6

하박국 선지자도 하나님에 대한 소문을 듣고 기대가 깊어졌습니다. 그래서 하나님을 주목했습니다. 하나님은 전설이나 동화 속 인물이 아닙니다. 소문 속에만 존재하는 인물도 아닙니다. 하나님은 과거에 박제되어 있지 않습니다. 지금도 여전히 역사하십니다. 하나님은 언제나 현재형이십니다. 영원 전부터 영원까지 하나님은 하나님이십니다. 하나님은 시공을 초월하여 역사하십니다. 그러므로 하나님은 초월자이십니다. 신앙은 향수에 젖어 추억하고 기념하는 것이 아닙니다. 이전으로 돌아가려고 해서는 안 됩니다. 이전의 일이 아니라 현재의 일을 간증해야 합니다. 지금 나에게 역사하시는, 살아 계신 하나님을 이야기해야 합니다. 매일의 삶 속에서 하나님을 경험해야 합니다.

하박국 선지자는 이스라엘의 미래를 내다보았습니다. 그는 "여호와여 주는 주의 일을 이 수년 내에 부흥하게 하옵소서"라고 기도했습니다. 하박국 선지자는 구체적으로 주의 일을 보여 달라고 기도했습니다. 하박국 선지자가 바라는 '주의 일'은 부흥입니다. 하박국 선지자가 바라는 부흥은 이스라엘이 바벨론으로부터 벗어나 이전으로 돌아가는 것이 아닙니다. 그보다 더 큰 비전입니다.

우리는 사람이 많이 모이는 것을 부흥이라고 생각합니다. 교회 건물을 크게 지으면 부흥했다고 말합니다. 그런 의미로 하박국 3장 2절 말씀을 써 놓은 교회가 많습니다. 그러나 부흥은 그런 것이 아닙니다. 교회 성장은 부흥과 상관없이 일어날 수도 있습니다. 그렇다면 진정한 부흥은 무엇입니까?

> 하나님이 데만에서부터 오시며 거룩한 자가 바란 산에서부터 오시는 도다 (셀라) 그의 영광이 하늘을 덮었고 그의 찬송이 세계에 가득하도다 합 3:3

지금 하박국 선지자가 당면한 것은 이스라엘에 대한 하나님의 심판입니다. 그러나 하박국 선지자는 당면한 문제를 위해 기도하지 않았습니다. 그는 하나님의 영광이 하늘을 덮고, 찬송이 세계에 가득하기를 바랐습니다.

이스라엘이 범죄하고 타락하자 하나님은 어쩔 수 없이 바벨론을 일으키셨습니다. 하나님은 바벨론을 강국으로 만드셔서 이스라엘을 침략하게 하셨습니다. 하나님은 이스라엘을 회복하기 원하셨습니다. 그래서 이방 나라 바벨론이 하나님의 이름을 조롱하는 것을 참으셨습니다. 하박국 선지자는 하나님의 영광이 회복되기를 바랐습니다. 하박국 선지자는 하나님의 영광을 주목했습니다. 하박국 3장에서 하박국 선지자는 하나님을 원망하거나 불평하지 않았습니다. 하박국 선지자는 모든 것이 하나님의 책임이라고 생각하지 않았습니다. 그는 하나님께 따지지 않았습니다. 이제야 하박국 선지자는 하나님이 누구신가를 깨달았습니다. 겸손해졌습니다. 그리고 그의 기도가 달라졌습니다.

욥기에 보면, 욥과 욥의 친구들은 매우 똑똑한 사람이었습니다. 욥은 하나님이 어떤 분인가를 깨달았습니다. 욥은 자신이 모르고 말한 것을 부끄럽게 생각했습니다. 그래서 회개했습니다. 하나님의 말씀을 듣고 난 후, 욥은 겸손해졌습니다. 입을 다물었습니다.

> 오직 여호와는 그 성전에 계시니 온 땅은 그 앞에서 잠잠할지니라 하시니라 합 2:20

우리는 하나님 앞에서 입을 다물어야 합니다. 우리는 입을 다물고 기도해야 합니다. 참으로 기도하는 사람은 말이 없습니다. 그러나 기도하지 않는 사람은 말하기 좋아합니다. 기도하지 않으면 사건과 상황에 집중하기 때문에 떠들 수밖에 없습니다. 그러나 기도하는 사람은 하나님께 집중하기 때문에 입을 다물게 됩니다.

하박국 선지자는 기도하다 보니 더는 하나님께 이스라엘과 바벨론 중에 누가 더 나쁜지 묻지 않았습니다. 위기가 닥쳤을 때에는 말이 없어집니다. 위기가 닥쳤을 때에는 사람에게 아무리 이야기해도 도움이 되지 않습니다. 문제가 터졌을 때에는 말하지 않는 것이 좋습니다. 하박국 선지자는 높은 곳을 바라보며 기도했습니다. 부흥을 소망하며 기도했습니다.

'부흥'이라는 말에는 '보존하다, 깨끗하게 하다'라는 의미가 있습니다. 부흥은 본래의 목적을 되찾는 것입니다. 이스라엘이 이스라엘의 본래 위치로 돌아가는 것이 부흥입니다. 하나님의 백성이 하나님의 백성다워지는 것이 부흥입니다. 신자가 신자다워지는 것, 교회가 교회다워지는 것이 부흥입니다. 우리가 하나님의 백성으로서의 정체성을 회복할 때, 하나님의 영광이 드러납니다. 우리가 창조와 구원의 목적을 회복할 때, 우리를 통해 하나님의 영광이 드러납니다. 그것이 부흥입니다.

그러나 우리가 하나님의 백성으로서의 정체성을 잃어버리고 부르심의 목적에 맞지 않게 살아갈 때 하나님은 자기 백성을 치실 수밖에 없습니다. 하나님이 자기 백성을 치실 때 하나님의 영광은 가려집니다. 하나님의 백성이 곁길로 빠진 것이 문제입니다. 하나님의 백성이 세상과 타협하므로 거룩이 훼손되었습니다. 하나님이 택하신 나라가 우상으로 가득 찼습니다. 하나님이 택하신 민족이 세상 사람보다 더 악해졌습니다. 이스라엘이 바벨론처럼 되었습니다. 이것이 세속화입니다.

삶의 문제보다 중요한 건 하나님 영광입니다

우리가 계속 기도하다 보면 하나님이 무엇을 원하시는가를 깨닫습니다. 기도하다 보면 현실의 문제에 몰두하기보다 하나님이 원하시는 것에 초점을 맞추고 기도합니다. 하나님이 원하시는 것이 무엇일까요? 하나님은 하나님의 영광이 회복되기를 원하십니다. 하박국 선지자는 자신이 원하는 것을 기도하지 않았습니다. 하박국 선지자는 하나님이 원하시는 것에 초점을 맞추었습니다. 우리는 하박국 선지자처럼 기도해야 합니다.

물론 우리에게 있는 문제가 해결되는 것도 중요합니다. 그러나 하나님의 영광이 회복되는 것이 더 중요합니다. 우리는 삶의 문제로 힘들어하며 살아갑니다. 개인의 문제, 현실의 문제를 해결해 달라고 기도하는 것은 자연스러운 일입니다. 그러나 거기에 머물러 있으면 안 됩니다. 우리는 나보다 하나님께 초점을 맞추고 기도해야 합니다. 하나님을 묵상하고 하나님을 추구해야 합니다.

우리는 하나님과 관련된 일을 위해 기도하지만, 하나님에 대해 기도하지는 않습니다. 하나님께는 관심이 없으면서 하나님의 일을 할 때가 많습니다. 그러면 하나님과 관련된 일을 하는 것 같지만, 하나님과 상관없는 일에 열심을 내게 될 수 있습니다. 자기 열심이고 자기만족입니다.

우리는 유명해지고 싶어 합니다. 돈을 많이 벌고 싶어 합니다. 세상에서 많은 업적을 이루고 싶어 합니다. 역사에 이름을 남기고 싶어 합니다. 그러나 하나님은 그런 것들에 관심이 없으십니다. 우리는 아무 문제 없이 편안하고 행복하게 살기 원합니다. 그래서 나를 둘러싼 문제를 놓고 기도할 때가 많습니다. 그러나 하나님에게 그 일은 큰 문제가 아닙니다. 얼마든지 판을 뒤집으실 수 있습니다. 하나님의 관심은 거기에 있지 않습니다. 하나님의 관심은 하나님의 영광입니다.

하박국 선지자는 기도하면 할수록 하나님의 마음을 이해했습니다. 그래서 마침내 본질적인 것을 기도했습니다. 그는 더 이상 자신의 문제를 위해 기도하지 않았습니다. 이스라엘의 문제를 해결해 달라고 기도하지도 않았습니다. 하박국 선지자는 하나님의 영광에 집중했습니다.

온 땅은 하나님의 영광을 위해 존재합니다. 세상 사람들은 그것을 알지 못합니다. 그러나 하나님의 백성에게는 사명이 있습니다. 하나님의 백성은 자신이 존재하는 목적을 분명히 알아야 합니다. 이스라엘이 존재하는 목적이 무엇입니까? 하나님의 영광을 위해서입니다. 그러나 그들은 오히려 하나님의 영광을 실추시키는 도구가 되었습니다.

우리는 하나님의 영광을 얼마나 생각합니까? 우리는 자신에 대한 사람들의 평가에 관심이 많습니다. 사람들의 평가에 일희일비(一喜一悲)합니다. 때로는 사람들의 말을 듣고 잠을 이루지 못합니다. 그러나 우리는 그런 것에 몰두하면 안 됩니다. 우리는 하나님의 영광을 위해 살아야 합니다. 중심은 내가 아니라 하나님이십니다. 하나님은 하나님의 영광에 몰두하는 사람을 찾으십니다. 그러므로 우리는 오직 하나님께 초점을 맞추고 살아야 합니다.

예수님은 하나님의 영광을 위해 사셨습니다. 하나님의 영광을 위해 이 땅에 오셨고 십자가의 길을 선택하셨습니다. 예수님은 십자가에 못 박혀 죽으심으로 하나님 아버지께 영광을 돌리셨습니다.

예수님이 공생애를 시작하시기 전, 마귀에게 세 가지 시험을 받으셨습니다. 시험의 내용은 자기에게 시선을 맞추라는 것이었습니다. 자기를 드러내라는 것이었습니다. 예수님은 그렇게 하지 않으셨습니다. 자신에게 몰두하지도, 초점을 맞추지도 않으셨습니다. 예수님은 자신을 드러내려 하지 않으셨습니다. 오히려 숨으셨습니다. 그리고 마침내 십자가를 지셨습니다.

우리는 우리 자신에게 관심이 있습니다. 우리가 일을 얼마나 잘하는가, 얼마나 많은 사람의 지지를 받는가는 중요하지 않습니다. 때로는 우리의 실패를 통해서도 하나님이 영광을 받으십니다. 그러므로 우리는 오직 하나님의 영광을 생각해야 합니다. 하나님의 영광을 위해 살아야 합니다.

> 이는 물이 바다를 덮음 같이 여호와의 영광을 인정하는 것이 세상에 가득함이니라 합 2:14

이것이 완성된 하나님 나라의 모습입니다. 온 세상 사람이 여호와의 영광을 인정하는 것이 부흥입니다. 우리는 온 세상 사람이 여호와의 이름을 높여 드리는 날이 속히 오기를 기도해야 합니다.

> 하늘이 하나님의 영광을 선포하고 궁창이 그의 손으로 하신 일을 나

타내는도다 시 19:1

하늘만 하나님의 영광을 선포하는 것이 아닙니다. 이 세상의 모든 것은 하나님의 영광을 위해 존재합니다. 이 세상의 모든 것이 하나님의 영광을 선포합니다. 그런데 세상 사람들은 하나님의 영광을 드러내지 않습니다. 사람들은 자신의 영광을 구하며 살아갑니다.

인생들아 어느 때까지 나의 영광을 바꾸어 욕되게 하며 헛된 일을 좋아하고 거짓을 구하려는가 (셀라) 시 4:2

하박국 선지자는 만물이 하나님의 영광을 인정하는 날이 오기를 갈망하며 하나님께 기도했습니다. 그는 이스라엘 민족이 이방 민족에게 짓밟혀 하나님의 영광이 가려지는 것 때문에 괴로워했습니다. 부흥은 하나님의 영광이 회복되는 것입니다.

우리의 기도는 어떻습니까? 자신을 위해, 필요를 위해서만 기도하고 있지는 않습니까? 우리의 기도가 달라져야 합니다. 기도가 더욱 풍성해져야 합니다. 기도의 범위가 확장되어야 합니다. 하나님은 그것을 원하십니다.

내 연약함을 인정하고 긍휼을 구하십시오

하나님은 하박국 선지자의 기도에 어떻게 응답하셨습니까? B.C. 606년 바벨론의 느부갓네살 왕이 예루살렘을 첫 번째 정복했을 때, 바벨론으로 끌려간 포로 중에 다니엘과 그의 세 친구가 있었습니다.

> 내가 이제 조서를 내리노라 내 나라 관할 아래에 있는 사람들은 다 다니엘의 하나님 앞에서 떨며 두려워할지니 그는 살아 계시는 하나님이시요 영원히 변하지 않으실 이시며 그의 나라는 멸망하지 아니할 것이요 그의 권세는 무궁할 것이며 그는 구원도 하시며 건져내기도 하시며 하늘에서든지 땅에서든지 이적과 기사를 행하시는 이로서 다니엘을 구원하여 사자의 입에서 벗어나게 하셨음이라 하였더라 이 다니엘이 다리오 왕의 시대와 바사 사람 고레스 왕의 시대에 형통하였더라 단 6:26-28

믿음의 사람 다니엘 덕분에 느부갓네살 왕이 하나님의 이름을 높이고 영광을 돌렸습니다. 바벨론이 예루살렘을 두 번째 정복했을 때 에스겔 선지자가 나타났습니다. 하나님은 새 영을 보내셔서 이스라엘을 회복시키실 것을 약속하셨습니다. B.C. 458년 에스라가 백성들을 이끌고 돌아왔습니다. B.C. 445년 느헤미야에 의해 성벽이 재건되었습니다. 그리고 에스더와 모르드개를 통해 이스라엘에 부흥 운동이 일어났습니다. 하박국 선지자의 기도는 놀랍게 응답되었습니다.

역사를 살펴보면 놀랍습니다. 하나님은 계획을 가지고 움직이십니다. 하나님은 백성의 기도를 들으십니다. 하나님은 완전한 때에 일을 이루십니다. 그러므로 우리는 기도해야 합니다. 하나님의 자비와 긍휼을 구해야 합니다. 하나님이 우리를 긍휼히 여기셨기 때문에 우리가 여기까지 올 수 있었습니다.

하박국 선지자는 "진노 중에라도 긍휼을 잊지 마옵소서"(합 3:2)라고 기도했습니다. 지금 그는 환난 가운데 있습니다. 어려운 상황 속입니다. 바벨론의 포로가 되어 매우 힘듭니다. 이스라엘은 하나님의 진노중에 있었습니다. 그런 가운데서도 하박국 선지자는 하나님의 긍휼을 구했습니다. 그는 이스라엘이 하나님의 진노를 받아야 마땅하다는 것을 알았습니다. 이스라엘이 하나님 앞에서 의롭지 않다는 것을 인정했습니다.

우리도 마찬가지입니다. 우리는 매우 연약하고 한없이 부족합니다. 우리는 의롭지 않은 데다가 교만하기까지 합니다. 영혼은 타락했습니다. 영적으로 감각이 무딥니다. 우리는 하나님 앞에서 내세울 것이 하나도 없습니다. 하나님의 진노를 받아 마땅합니다. 그러나 하나님께 진노 중에라도 긍휼을 구해야 합니다. 우리가 의롭지 않기 때문에 하나님의 자비를 구해야 합니다. 하박국 선지자는 하나님의 긍휼을 구했습니다. 하나님의 성품을 의지하여 하나님께 기도했습니다. 하나님은 긍휼이 풍성하십니다. 하박국 선지자는 하나님의 긍휼로 진노를 덮어 달라고 기도했습니다.

> **여호와께서 그의 앞으로 지나시며 선포하시되 여호와라 여호와라 자비롭고 은혜롭고 노하기를 더디하고 인자와 진실이 많은 하나님이라**
> 출 34:6

출애굽기 34장 6절은 하나님이 직접 하신 말씀입니다. 하나님은 자비로우십니다. 은혜로우십니다. 노하기를 더디 하십니다. 인자와 진실이 풍성하십니다. 우리의 모든 것은 하나님 손에 있습니다. 그러므로 우리는 하나님께 우리를 불쌍히 여겨 달라고, 긍휼히 여겨 달라고 기도해야 합니다. 하나님 앞에 엎드려야 합니다.

하박국 선지자가 처음에는 자신이 의롭다고 생각했습니다. 이스라엘이 의롭다고 생각했습니다. 바벨론보다 낫다고 생각했습니다. 그러나 하박국 선지자는 자신이 바벨론보다 못하다는 것을 깨달았습니다. 하나님의 자비와 긍휼이 없으면, 소망이 없다는 것을 깨달았습니다.

우리는 의롭지 않습니다. 소망 둘 곳이 없습니다. 이 사실을 하나님 앞에 인정해야 합니다. 우리의 죄악을 하나님 앞에 고백해야 합니다. 우리는 진노를 받아 마땅합니다. 그래서 먼저 우리의 심령에 부흥이 일어나고 회복되어야 합니다. 하나님의 자비와 긍휼을 구해야 합니다. 우리를 불쌍히 여겨 달라고, 정결하게 해달라고, 거룩하게 해달라고, 깨끗하게 해달라고 하나님께 기도해야 합니다. 하나님의 긍휼이 없으면, 우리는 소망이 없습니다. 그러므로 하나님 앞에 겸손하게 엎드려야 합니다. 교만해서는 안 됩니다. 철저히 엎드려야 합니다.

우리가 하나님 앞에 엎드릴 때, 우리 가운데 하나님의 자비와 긍휼이 넘칠 것입니다. 우리의 심령이 살아나 우리 안에 생명의 역사가 일어날 것입니다. 영적으로 충만해질 것입니다. 우리 안에서 일어난 회복이 우리 주변으로, 세상 가운데로 흘러갈 것입니다.

세상 사람들이 하나님의 하나님 되심을 인정하게 될 때, 세상 모든 사람이 하나님께 영광 돌리게 될 때, 이 땅 가운데 하나님의 나라가 임할 것입니다. 이 땅 가운데 하나님의 나라가 임할 때, 모든 피조물이 하나님의 이름을 높이게 될 것입니다. 그렇게 될 때, 하나님의 나라가 완성될 것입니다.

몰 5장.
절망 중에도 노래하라

─────────────────────────────────────── *Victory*

하박국 3:16-19

[16] 내가 들었으므로 내 창자가 흔들렸고 그 목소리로 말미암아 내 입술이 떨렸도다 무리가 우리를 쳐서 올라오는 환난 날을 내가 기다리므로 썩이는 것이 내 뼈에 들어왔으며 내 몸은 내 처소에서 떨리는도다 [17] 비록 무화과나무가 무성하지 못하며 포도나무에 열매가 없으며 감람나무에 소출이 없으며 밭에 먹을 것이 없으며 우리에 양이 없으며 외양간에 소가 없을지라도 [18] 나는 여호와로 말미암아 즐거워하며 나의 구원의 하나님으로 말미암아 기뻐하리로다 [19] 주 여호와는 나의 힘이시라 나의 발을 사슴과 같게 하사 나를 나의 높은 곳으로 다니게 하시리로다 이 노래는 지휘하는 사람을 위하여 내 수금에 맞춘 것이니라

무엇이 우리를 즐겁게 합니까

하박국은 선지자의 짓누르는 듯한 부담감으로 시작했습니다. 그는 혼란스러운 상황에서 갈등하며 하나님께 계속 질문을 이어 갔습니다. 처음엔 예상치 못한 응답에 당황했습니다. 그러나 마침내 그는 하나님 안에서 만족할 수 있었습니다. 모든 의심이 사라졌습니다. 상황이 달라져서가 아닙니다. 하나님의 말씀을 듣고 의문이 해결되었습니다. 마침내 하박국 선지자는 하나님을 노래했습니다. 누가 하나님을 노래할 수 있습니까? 믿음을 가진 사람이 믿음으로 하나님을 노래할 수 있습니다. 하박국 선지자는 고통과 혼란 가운데서 노래를 배웠습니다. 이것은 하박국 선지자의 신앙고백이라고 할 수 있습니다.

그리스도인은 수많은 사건과 일들 속에서도 노래하는 것을 배워야 합니다. 노래를 불러야 합니다. 다양한 경험을 통해 노래가 만들어집니다. 때로는 하나님께 질문합니다. 그 질문이 노래가 될 수 있습니다. 응답을 기다리며 하나님을 노래할 수 있습니다. 고난의 때에도 하나님을 노래할 수 있습니다. 끝까지 하나님을 신뢰하는 사람이 하나님을 노래할 수 있습니다. 노래는 하루아침에 만들어지지 않습니다. 우리는 믿음의 여정을 통해 노래를 배울 수 있습니다. 믿음이 자람에 따라 하나님을 배울 수 있습니다. 하나님을 배워 갈 때 우리의 입에서 노래가 터져 나옵니다.

> 내가 들었으므로 내 창자가 흔들렸고 그 목소리로 말미암아 내 입술이 떨렸도다 무리가 우리를 치러 올라오는 환난 날을 내가 기다리므로 썩이는 것이 내 뼈에 들어왔으며 내 몸은 내 처소에서 떨리는도다
> 합 3:16

하박국 선지자는 예루살렘의 멸망 소식을 들었습니다. 바벨론이 예루살렘을 침공한 것입니다. 이것은 환난의 소식입니다. 최악의 소식입니다. 하박국 선지자는 창자가 흔들렸고 입술이 떨렸습니다. 큰 충격을 받았을 때 이런 증세가 나타납니다. 갑작스럽게 비보를 들으면 그 충격으로 인해 온몸이 떨립니다. 다리가 후들거립니다. 심장이 터질 듯합니다. 어려운 일이 갑자기 몰아닥치면 정신을 차릴 수 없습니다. 이 일로 이스라엘은 모든 것을 잃었습니다. 땅이 황폐해졌습니다. 경제적으로 어려움을 겪어야 했습니다.

> 비록 무화과나무가 무성하지 못하며 포도나무에 열매가 없으며 감람나무에 소출이 없으며 밭에 먹을 것이 없으며 우리에 양이 없으며 외양간에 소가 없을지라도 합 3:17

무화과나무, 포도나무, 감람나무는 팔레스타인 지역에서 주류를 이루는 나무입니다. 그런데 무화과나무가 무성하지 못하고 포도나무에 열매가 없고 감람나무에 소출이 없다는 것은 매우 절망적인 상태를 의미합니다. 거기다 밭에 먹을 것이 없고 우리에 양이 없고 외양간에 소가 없습니다. 그야말로 모든 것을 상실했습니다. 없는 것이 한두 개가 아닙니다. 기뻐할 이유를 찾을 수 없습니다. 사방이 가로막혔습니다. 총체적 난국입니다.

이런 가운데 하박국 선지자는 어떻게 반응했습니까?

> 나는 여호와로 말미암아 즐거워하며 나의 구원의 하나님으로 말미암아 기뻐하리로다 합 3:18

하박국 3장 18절만 읽으면 밋밋합니다. 17절에 있기에 18절 말씀이 빛납니다. 하박국 선지자는 위기 속에서 하나님을 찬양했습니다. 편안한 때에 찬양한 것이 아닙니다. 상황이 반전되었거나 원하던 대로 이루어졌기 때문에 하나님을 찬양한 것이 아닙니다. 상황은 조금도 달라지지 않았습니다. 평안하지 않습니다. 외적 조건은 오히려 더 악화하고 있습니다. 그럼에도 불구하고 하박국 선지자는 하나님을 찬양했습니다. 그런데도 하나님을 찬양하는 것이 참 신앙입니다.

하나님이 주시는 기쁨은 조건을 초월합니다

어떻게 절망 가운데 기뻐할 수 있습니까? 하박국 선지자가 가진 기쁨은 일반적인 기쁨이 아닙니다. 좋은 때, 형통할 때, 모든 것이 잘될 때에 느끼는 기쁨과 하박국이 경험한 기쁨은 다릅니다. 이것이 신앙의 신비입니다.

다만 이뿐 아니라 우리가 환난 중에도 즐거워하나니… 롬 5:3a

바울은 환난 중에 즐거워한다고 했습니다. 세상 사람들은 이것을 이해할 수 없습니다. 환난은 환난이요 즐거움은 즐거움입니다. 결코 함께할 수 없는 단어로 보입니다. 그런데 믿음의 사람들은 이것을 경험했습니다. 하박국 선지자의 고백과 바울의 고백이 일맥상통합니다.

기독교는 물질적인 것을 부정하는 종교가 아닙니다. 우리는 일상 속에서 물질로 인해 경험하는 기쁨을 부인해서는 안 됩니다. 기독교 역사를 살펴보면 초기에는 내세를 강조했습니다. 그래서 사람들은 세상에 무관심한 것을 경건이라고 생각했습니다. 즐거움을 억제하려고 하는 금욕주의가 기독교 안에 자리 잡았습니다. 그래서 사람들은 즐거움을 추구하는 것을 세속적인 것으로 생각했습니다. 기도를 많이 하면 우울하게 보여야 한다고 생각했습니다. 웃고 즐거워하는 것을 경박스러운 것이라고 생각했습니다.

그러나 물질은 악한 것이 아닙니다. 우리는 물질을 거부하며 살 수 없습니다. 하나님이 창조하신 만물은 선합니다. 좋은 것입니다. 그래서 성경에도 "하나님이 보시기에 좋았더라"(창 1:4, 10, 12, 18, 21, 25)고 기록합니다. 어떤 믿음의 사람들은 부자를 향해 손가락질합니다. 돈을 나쁘게만 봐서 그렇습니다. 그러나 돈은 인간이 살아감에 있어 반드시 있어야 하는 것입니다. 돈은 나쁘지도, 더럽지도 않습니다. 그러므로 물질을 향유하는 것을 부정적으로 생각해서는 안 됩니다.

예수님도 제자들과 함께 먹고 마시는 것을 즐기셨습니다. 예수님을 대적하던 사람들은 예수님을 "먹기를 탐하고 포도주를 즐기는 사람"(마 11:19)이라고 생각했습니다. 그러나 우리는 몸을 가지고 있습니다. 그러므로 먹어야 합니다. 먹는 즐거움이 있습니다. 예수님이 "사람이 떡으로만 살 것이 아니요"(마 4:4)라고 말씀하신 것은 떡을 부정하신 것이 아닙니다. 저는 과일을 먹으며 다양한 과일을 만드신 하나님께 감사합니다. 과일은 종류도 참 많고 맛도 모양도 색도 정말 다양합니다. 우리나라에서 먹을 수 있는 과일이 전부가 아닙니다. 동남아시아, 남아메리카, 아프리카에서 나는 과일이 있습니다. 하나님이 우리를 즐겁게 해주신 것입니다.

> 또한 어떤 사람에게든지 하나님이 재물과 부요를 그에게 주사 능히 누리게 하시며 제 몫을 받아 수고함으로 즐거워하게 하신 것은 하나님의 선물이라 전 5:19

즐거워하게 하신 것이 하나님의 선물이라고 했습니다. 선물은 받아 누려야 합니다. 그러므로 우리는 하나님이 주신 것을 누려야 합니다. 즐거워해야 합니다. 그래야 행복합니다.

그런데 재물과 부요를 통해 즐거움을 누리지 못할 때가 있습니다. 전쟁이나 불가항력의 재해가 발생하면 물질의 공급이 차단됩니다. 그러면 즐거움을 누리지 못합니다. 우리가 살다 보면 물질의 공급원이 차단될 때가 있습니다. 원하지 않지만 삶의 흉년을 경험할 때가 있습니다. 하박국 선지자의 상황처럼 있어야 할 것이 없습니다. 하박국 3장 17절을 보면 과거 우리나라의 모습이 생각납니다. 일제강점기와 6·25 한국전쟁 탓에 나라 전체가 초토화되었습니다. 우리나라는 지독한 가난을 경험했습니다. 밥을 제대로 먹지 못했습니다. 이처럼 전쟁은 무서운 것입니다. 전쟁은 모든 것을 쓸어가 버립니다.

그런데 지금 우리는 과거 어느 때와 비교할 수 없을 만큼 경제적으로 풍요합니다. 한국의 경제는 초고속으로 성장했습니다. 세계사에서 유례를 찾아볼 수 없습니다. 우리나라는 풍요로운 나라가 되었을 뿐 아니라, 세계가 알아주는 부자 나라가 되었습니다. 세계적으로 이런 나라가 또 없습니다.

우리는 모든 것이 넘쳐흐르는 시대를 살고 있습니다. 과거에는 상상할 수 없는 일을 경험합니다. 이렇게 풍요로운 시대를 살고 있지만 우리의 마음에 기쁨과 즐거움이 있습니까? 행복하다고 느낍니까? 어려웠던 때에는 졸업식 후에 짜장면 한 그릇을 먹어도 행복했습니다. 사탕 한 알만 있어도 즐거웠습니다. 그러나 지금은 뷔페식당에서 먹어도 행복하다고 느끼지 않습니다. 이전에 비해 행복 지수가 떨어졌습니다. 지금 우리나라의 행복 지수는 아시아의 빈국보다 낮습니다.

우리는 물질을 통해 즐거움을 경험하는 것에 익숙합니다. 물질중독이라고 해도 과언이 아닙니다. 사람들은 물질적으로 풍요롭지 않으면 즐거움을 느끼지 못합니다. 물질적으로 조건이 채워져야 기뻐하고 즐거워합니다. 돈이 많을 때에는 아무 어려움 없이 지냅니다. 그러다가 돈이 없어지면 사람들은 매우 힘들어합니다. 물질의 유무에 의해 기쁨이 좌우됩니다. 이것은 비록 없을지라도 여호와로 말미암아 즐거워하고 기뻐하리라고 고백하는 하박국 선지자의 모습과 대조됩니다.

무엇이 문제입니까? 사람들은 물질이 아닌 다른 것을 통해 즐거움과 기쁨을 느끼는 법을 알지 못합니다. 이것이 문제입니다. 돈에 중독된 사람은 돈을 통해 즐거움을 경험하려고 합니다. 어떻게 하면 돈을 벌 수 있는가만 생각합니다. 음식을 통해 즐거움을 경험하려는 사람은 맛집을 찾아다니느라 분주합니다. 맛있는 것을 먹지 못하면 우울해합니다. 아무리 맛있는 음식을 먹는다 해도 그것으로는 만족하지 못합니다. 게임을 통해 기쁨을 느끼는 사람은 게임을 하지 못하면 기쁨을 느낄 수 없습니다. 그래서 금단현상이 나타납니다.

하박국 선지자는 새로운 즐거움을 소개했습니다. 하나님으로 말미암아 즐거워하고 기뻐한다는 것은 하나님 안에 즐거움과 기쁨이 있다는 의미입니다. 하나님 안에 있는 즐거움과 기쁨은 하나님이 주시는 것입니다. 하나님으로부터 나오는 것입니다. 기쁨은 하나님이 주시는 선물입니다. 사람이 성취하는 것이 아닙니다. 희락은 성령의 열매 중 하나입니다. 우리가 성령 안에서 살 때, 기쁨을 경험할 수 있습니다. 조건이 채워져서 기쁜 것이 아닙니다. 외적 조건 때문이 아닙니다. 하나님 안에서 하나님과의 관계를 통해 기쁨을 경험할 수 있습니다. 그러므로 기쁨은 하나님 안에서 누리는 축복입니다.

> 나는 포도나무요 너희는 가지라 그가 내 안에, 내가 그 안에 거하면 사람이 열매를 많이 맺나니 나를 떠나서는 너희가 아무 것도 할 수 없음이라 요 15:5

우리의 힘으로는 열매를 맺을 수 없습니다. 예수님이 우리 안에 거하시고 우리가 예수님 안에 거할 때 열매를 맺을 수 있습니다. 우리가 예수님 안에 거한다는 것은 믿음으로 사는 것을 의미합니다. 믿음으로 살아갈 때 우리는 충만한 기쁨을 경험할 수 있습니다.

하나님이 주시는 즐거움은 사람이 주는 즐거움과 다릅니다. 사람이 주는 기쁨과 즐거움은 조건적입니다. 가변적입니다. 불안정합니다. 우리는 살아가면서 우리가 원하는 대로 채워지지 않는다는 것을 경험합니다. 한 가지가 채워지면, 한 가지가 채워지지 않습니다. 사람들은 그 채워지지 않은 한 가지를 위해 일평생 노력하며 살아갑니다. 사람들은 자신을 만족시키기 위해 모든 에너지를 소진합니다. 그런데 아무리 노력해도 원하는 만큼 획득할 수는 없습니다. 자신의 기대에 미치지 못합니다. 그래서 사람들은 즐거워하는 때보다 근심하는 때가 많습니다.

물질적인 조건은 상대적입니다. 물질적인 세상에서는 조건을 충족할 수 없는 것만으로도 사람들이 불행해합니다. 어떤 사람들은 재산이 많아도 불행하다고 생각합니다. 그러니까 "재산이 없어서 즐거워할 수 없다"는 말도 잘못된 말입니다. 그러면 왜 우리는 불행할까요? 남과 나를 비교하기 때문입니다. 나보다 더 나아 보이는 사람을 보면서 위축되는 것입니다. 내가 가진 걸 보지 않고 부족한 부분만 생각합니다. 더 있어야 한다고 생각합니다. 나는 남보다 낫지 않다고만 생각합니다. 이것을 '상대적 빈곤'이라고 말합니다.

비교의식은 끝없이 부족하다고 생각하게 합니다. 오늘날 한국 사회에서는 비교를 많이 합니다. 아무리 노력해도 비교하며 살다 보면 기쁨을 얻을 수 없습니다. 오히려 기쁨을 잃을 수 있습니다. 조건에 의해 느끼는 기쁨과 즐거움은 오래가지 못합니다. 한계가 금방 드러납니다. 쉽게 불행을 느낍니다.

그러나 하박국 선지자가 경험한 기쁨은 다릅니다. 그것은 조건적인 기쁨이 아니었습니다. 하박국 선지자는 즐거워하고 기뻐할 상황이 아니었지만 여호와로 말미암아 즐거워하며 구원의 하나님으로 말미암아 기뻐한다고 고백했습니다. 자신이 원하는 대로 이루어지지 않은 상황에서 즐거워하고 기뻐하는 것은 조건에 의한 즐거움, 기쁨과 차원이 다릅니다. 자신이 원하는 대로 되지 않아도, 우리는 크게 만족할 수 있습니다. 하나님의 사람은 그것을 경험한 사람입니다.

하나님의 사람은 하나님을 경험한 사람입니다. 하나님의 사람은 하나님으로 말미암아 즐거워하고 기뻐할 수 있습니다. 우리에게 주어진 것 중 우리가 원하는 것보다 더 큰 것은 물질이 아니라 하나님이십니다.

> … 여호와로 인하여 기뻐하는 것이 너희의 힘이니라 하고 느 8:10b

평소에는 하나님이 주시는 기쁨을 알 수 없습니다. 그러나 위기의 때에는 하나님이 주시는 기쁨이 힘을 발휘합니다. 하나님이 주시는 기쁨은 어떤 것입니까?

> 근심하는 자 같으나 항상 기뻐하고 가난한 자 같으나 많은 사람을 부요하게 하고 아무 것도 없는 자 같으나 모든 것을 가진 자로다 고후 6:10

어떻게 이럴 수 있을까요? 거짓말 같습니다. 물론 매우 힘든 상황에 가진 것이 없는데도 그렇지 않은 척 자신을 위장하는 사람이 있습니다. 그런데 바울이 말하는 것은 그런 것이 아닙니다. 바울이 그렇게 했을 리 없습니다. 바울은 자신이 경험한 것을 이야기했습니다. 바울이 경험한 기쁨과 부요는 물질적인 것과 다릅니다. 바울은 차원이 다른 기쁨을 경험했습니다. 바울은 외적 조건을 초월하여 하나님이 주시는 기쁨과 만족을 경험했습니다.

예수님에게서도 이런 모습을 발견할 수 있습니다. 마귀는 "네가 만일 하나님의 아들이어든 명하여 이 돌들로 떡덩이가 되게 하라"(마 4:3)고 예수님을 시험했습니다. 이에 예수님은 "사람이 떡으로만 살 것이 아니요 하나님의 입으로부터 나오는 모든 말씀으로 살 것이라"(마 4:4)고 말씀하셨습니다. 예수님은 떡으로 인한 만족을 알고 계셨습니다. 그리고 그보다 더 깊은 만족이 있다는 것도 알고 계셨습니다. 그것은 하나님의 말씀을 통해 오는 만족입니다.

물론 떡을 통해 배부를 수 있습니다. 그러나 하나님의 입으로부터 나오는 말씀은 우리에게 무엇과도 비교할 수 없는 만족을 경험하게 합니다. 말씀을 듣고 말씀을 통해 힘을 얻으면 고통을 모두 잊습니다. 말씀이 꿀송이와 같다는 것을 실감합니다. 말씀을 들을수록 힘이 납니다. 전율합니다. 기쁨이 넘칩니다. 근심이 사라집니다. 말씀의 힘이 매우 강력하기 때문입니다. 행복합니다. 밥으로 인해 만족하는 것은 오래가지 못합니다. 입만 즐거울 뿐입니다. 얼마 가지 않아 다시 배고파집니다. 그러나 진리로 인한 만족은 오랫동안 지속됩니다. 이것이 진리의 힘입니다. 진리의 힘은 강력합니다.

염려와 근심으로 욱여쌈을 당해도, 사람들이 보기에는 근심할 수밖에 없는 상황 속에서도 우리 안에는 기쁨이 있습니다. 이것이 어떻게 가능합니까? 사람이 떡으로만 사는 것이 아니기 때문입니다. 떡만 아는 사람은 삶이 힘듭니다. 떡만 구하면 그것으로 인해 망합니다. 우리는 하나님의 입으로부터 나오는 말씀으로 삽니다. 그래서 예수님은 마귀의 시험에 넘어지지 않으셨습니다. 하나님의 입으로부터 나오는 말씀으로 사는 사람은 물질에 길든 인생과 다릅니다.

구원보다 더 큰 기쁨이 없습니다

돈이 있으면 결핍이나 문제를 쉽게 해결할 수 있습니다. 쉽게 만족할 수 있습니다. 그런데 쉽게 만족할수록 그 만족은 오래가지 않습니다. 그것이 바로 쾌락입니다. 말초적인 만족입니다. 사람들은 더 좋은 것을 찾고 더 많이 가지려고 하지만 원하는 대로 채울 수 없습니다. 더 많이 가지고 더 좋은 것을 먹지만 만족을 느끼지 못합니다. 눈에 보이는 것, 물질적인 것으로 쾌락을 추구하다 보면 그 끝에는 우울함이 있습니다. 쾌락을 추구하다 보면 우울해집니다.

쾌락주의의 끝에는 허무주의가 있습니다. 허무주의의 끝에는 우울감이 있습니다. 만족할 수 없으니 우울해질 수밖에 없습니다. 대가는 엄청나게 지불하는데 잠시 기쁨을 느낄 뿐입니다. 그래서 오늘날 현대인들은 끊임없이 돈을 벌고 소비합니다. 그래도 만족하지 못합니다. 그러니 현대인들이 우울해질 수밖에 없습니다.

> 그러므로 모든 육체는 풀과 같고 그 모든 영광은 풀의 꽃과 같으니 풀은 마르고 꽃은 떨어지되 오직 주의 말씀은 세세토록 있도다 …
> 벧전 1:24-25a

하나님의 말씀을 통한 만족은 깊습니다. 오래갑니다. 시간이 흐를수록 만족이 점점 더 커집니다. 신자가 누리는 기쁨은 세상 사람들이 누리는 기쁨과 다릅니다. 의지력으로, 절제력으로 기쁨을 경험하는 것과 다릅니다. 심리요법에 의해 경험하는 기쁨과 다릅니다. 하나님만이 주실 수 있는 기쁨과 즐거움이 있습니다. 신자는 하나님 안에서 기쁨을 경험합니다.

믿음의 선진들은 이것을 경험했습니다. 그래서 그들은 격랑의 시대, 고난의 시대, 핍박의 시대, 시련의 시대를 살아갈 수 있었습니다. 그들은 하나님이 주시는 천상(天上)의 기쁨을 경험했습니다. 하나님이 주시는 기쁨과 즐거움을 경험하지 못하면 다른 데서 즐거움을 찾으려고 합니다. 허접한 쾌락을 좇을 수 있습니다. 쾌락은 짜릿하지만 이후는 허무로 가득합니다.

우리는 하박국의 노래를 배워야 합니다. 하박국의 노래가 우리의 노래가 되어야 합니다. 암송하는 것으로 만족해서는 안 됩니다. 누려야 합니다. 즐거움은 실제입니다. 우리는 예배드릴 때, 기도할 때, 찬양할 때, 교제하는 가운데 즐거움을 구체적으로 경험해야 합니다. 여호와로 말미암아 즐거워하는 것이 무엇인가를 경험해야 합니다. 우리는 쾌락에 빠져 살아가는 세상 사람들을 향해 진짜 즐거움이 여기에 있다고 당당하게 말할 수 있어야 합니다.

사람은 본능적으로 즐거움을 좇습니다. 그래서 신앙생활을 하면서도 세상을 기웃거립니다. 그러나 이런 사람은 승리할 수 없습니다. 신앙생활을 하면서 하나님 안에서 즐거움을 누리지 못하는 사람은 언젠가는 쾌락을 찾아, 물질을 좇아 세상으로 갑니다.

우리는 여호와로 말미암은 즐거움을 반드시 경험해야 합니다. 하박국 선지자는 어떻게 여호와로 말미암아 즐거워할 수 있었습니까? 답은 이미 나왔습니다. 하박국 선지자는 "의인은 그의 믿음으로 말미암아 살리라"(합 2:4)고 고백한 바 있습니다. 그는 선지자였습니다. 그러나 하박국 앞부분에 보면 그는 갈등하고 방황했습니다. 의문이 많아 답답했습니다. 그런데 하나님과 대화하는 동안 그의 믿음이 자랐습니다. 그는 상황이 어떠하든지 믿음으로 살겠다고, 믿음으로 행동하겠다고 고백했습니다. 상황에 반응하지 않고 믿음으로 반응하겠다고, 믿음으로 생각하겠다고, 믿음으로 말하겠다고 고백했습니다.

하박국 선지자는 모든 것을 믿음으로 결정하겠다고 고백했습니다. 모든 것을 잃어도 믿음은 잃지 않겠다고 고백했습니다. 소망을 잃지 않겠다고 고백했습니다. 믿음이 있으면 됩니다. 물질이 부족해도 믿음이 있어야 합니다. 물질은 있다가도 없을 수 있고, 없다가도 있을 수 있습니다. 그러나 믿음은 그렇지 않습니다. 그러므로 믿음을 잃어버려서는 안 됩니다. 하박국 선지자는 눈에 보이는 것에 반응하지 않았습니다. 믿음으로 사는 사람은 눈에 보이지 않는 하나님을 눈에 보이는 것보다 더 크게 여깁니다.

하박국 선지자도 처음에는 상황으로 인해 흔들렸습니다. 예루살렘이 멸망하고 이스라엘이 적국에 당하는 것을 보며 혼란스러웠습니다. 하나님은 혼란스러워하는 하박국 선지자에게 묵시를 주셨습니다. 하박국 선지자의 눈이 활짝 열렸습니다. 그는 하나님이 이스라엘을 바벨론으로부터 건져 내실 것이라 믿었습니다. 하박국 선지자는 하나님의 때가 되면 하나님이 이스라엘을 회복시켜 주실 것이라 믿었습니다. 하박국 선지자는 눈이 열려 하나님의 섭리를 보았습니다. 하나님이 보여 주시는 비전을 보았습니다. 하박국 선지자는 계속해서 하나님과 대화했습니다. 상황과 세상에서 들려오는 소문에 집중하기보다 하나님의 음성에 집중했습니다. 이것이 하나님으로 말미암아 살아가는 사람의 모습입니다.

믿음으로 살아가는 사람은 하나님이 이 땅을 통치하시고 역사를 주관하시고 섭리를 따라 하나님의 사람들을 구원하신다는 것을 확신합니다. 믿음으로 살아가는 사람은 어떤 상황에도 낙심하지 않습니다. 오직 약속을 이루실 하나님으로 말미암아 즐거워할 수 있습니다.

하박국 선지자는 "나의 구원의 하나님"(합 3:18)이라고 표현했습니다. 1인칭을 사용했습니다. 구원은 우리가 하나님께 받는 최고의 선물입니다. 하나님이 예수 그리스도를 통해 사람을 구원하신 사건은 사람이 하나님으로부터 받은 최고의 선물입니다.

> 너희는 그 은혜에 의하여 믿음으로 말미암아 구원을 받았으니 이것은 너희에게서 난 것이 아니요 하나님의 선물이라 엡 2:8

구원 받았다면 다 받은 것입니다. 구원 안에는 온갖 보너스가 들어 있습니다. 죄로부터 자유하게 하시는 사죄의 은총, 하나님의 자녀가 되는 권세가 주어집니다. 모든 속박이 풀립니다. 저주가 사라집니다. 자유를 누립니다. 죄의 억압으로 인한 절망과 두려움이 사라집니다. 참된 자유를 누립니다.

모든 것을 잃었어도 구원 받았다면 그 사람은 복 있는 사람입니다. 그러나 모든 것을 가지고 있어도 구원 받지 못했다면 가진 것은 아무 소용없습니다. 소유와 구원은 바꿀 수 없습니다. 이 말씀을 이해하지 못한다면, 구원을 이해하지 못하는 것입니다. 구원과 바꿀 수 있는 것은 없습니다.

세상에 있는 것, 우리가 가진 것은 우리를 구원할 수 없습니다. 구원은 하나님이 우리에게 주시는 최고의 선물입니다. 하나님만이 우리를 구원하실 수 있습니다. 그래서 하박국 선지자는 하나님을 가리켜 '구원의 하나님'이라고 했습니다. 사람은 죄로 인해 저주 아래에 있습니다. 죽을 수밖에 없습니다. 영원히 멸망할 수밖에 없습니다. 그런데 하나님이 우리를 구원하셨습니다. 성경은 구원의 이야기입니다. 예수님이 이 세상에 왜 오셨습니까? 예수님은 우리를 구원하시기 위해 이 세상에 오셨습니다. 하나님은 우리를 구원하시기 위해 엄청난 대가를 지불하셨습니다. 우리가 구원 받았다는 사실은 우리를 전율하게 합니다. 하박국 앞부분에서 하박국 선지자는 두려움으로 떨었습니다. 그런데 하박국 뒷부분에서 하박국 선지자는 기쁨으로 떨었습니다. 구원의 광대함을 경험했기 때문입니다.

　구원의 기쁨보다 더 큰 기쁨은 없습니다. 최고의 기쁨은 구원받은 기쁨입니다. 이 기쁨을 누리고 있습니까? 구원보다 더 큰 선물은 없습니다. 구원은 하나님이 행하실 수 있는 가장 큰 일입니다. 성경은 구원을 말하고 있습니다. 구원으로 인한 기쁨보다 더 큰 기쁨은 없습니다. 구원의 기쁨은 진정한 기쁨입니다. 이 기쁨을 누리기 바랍니다.

하나님이 우리를 이기게 하십니다

> 주 여호와는 나의 힘이시라 나의 발을 사슴과 같게 하사 나를 나의 높은 곳으로 다니게 하시리로다 이 노래는 지휘하는 사람을 위하여 내 수금에 맞춘 것이니라 합 3:19

　하박국 선지자는 승리를 노래했습니다. "주 여호와는 나의 힘이시라"고 고백했습니다. 하나님은 무기력한 분이 아닙니다. 능력의 하나님이십니다. 하나님은 우리를 승리하게 하십니다. 역전의 하나님이십니다. 상황을 한순간에 뒤집어 놓으십니다. 위기를 기회가 되게 하십니다. 반전의 하나님이십니다. 출애굽 사건은 위대한 반전입니다. 십자가 사건은 부활로 반전되었습니다. 하나님은 권능으로 이스라엘을 회복시키실 것입니다.

지금 우리는 답답한 현실을 살고 있습니다. 우리의 힘으로는 넘어설 수 없는 벽 앞에 서 있는 듯합니다. 마치 갇혀 있는 것 같습니다. 돌파구가 보이지 않습니다. 세상의 소리는 거세게 느껴집니다. 세상 속에서 우리는 점점 작아지는 듯합니다. 염려와 근심 속에서 두려워하고 우울해하며 살아갑니다.

이러한 때에 우리는 하박국 선지자처럼 고백해야 합니다. 하박국 선지자는 "주 여호와는 나의 힘이시라"고 고백했습니다. 하나님이 우리의 힘이 되십니다. 그러므로 하나님을 의지하시기 바랍니다. 다른 길은 없습니다. 우리는 다른 것을 의지해서는 안 됩니다. 우리가 하나님 외에 누구를 의지할 수 있겠습니까?

하나님이 우리의 힘이 되시므로 우리는 넉넉히 이길 수 있습니다. 그러므로 어떤 것에도 흔들리지 않아야 합니다. 우리에게는 묘수가 없습니다. 우리에게는 하나님 한 분밖에 없습니다. 그러므로 우리는 하박국 선지자처럼 "주 여호와는 나의 힘이시라"고 고백해야 합니다.

하박국 선지자는 '나의 힘이 되시는 하나님이 나의 발을 사슴과 같게 하신다'고 고백했습니다. 왜 사슴에 비유했을까요? 사슴은 매우 민첩합니다. 산지가 험난해도 사슴은 잘 올라갑니다. 골짜기가 있고 바위와 같은 장애물이 많은 곳도 사슴은 미끄러지지 않고 뛰어다닙니다.

이스라엘은 위기를 많이 겪었습니다. 이스라엘의 주변에는 바벨론, 바사, 그리스, 로마 등 열강이 많이 있었습니다. 이스라엘은 열강의 틈에 끼여 위기 속에 살았습니다. 우리의 인생도 마찬가지입니다. 살다 보면 위험한 일을 많이 겪습니다. 다양한 위험에 노출되어 있습니다. 사탄은 우리를 넘어뜨리려고 합니다. 우리를 집어삼키려고 합니다. 그러나 염려하지 마십시오. 하나님은 우리가 살길을 열어 놓으셨습니다. 하나님은 우리의 발을 사슴의 발과 같게 하셨습니다. 하나님은 우리가 위기를 이길 수 있도록 도우십니다.

아울러 하박국 선지자는 "나를 나의 높은 곳으로 다니게 하시리로다"라고 고백했습니다. 여기서 '높은 곳'은 어디를 의미합니까? 누가 높은 곳에 갈 수 있습니까? 승리한 사람이 갈 수 있습니다. 높은 곳에 가고 싶어 하는 사람은 많습니다. 그런데 아무나 갈 수 없습니다. 사람의 힘만으로는 도달할 수 없습니다. 자기 힘으로 높이 오르려다가 조난당하는 사람이 많습니다.

높은 곳은 하나님이 오르게 하셔야 도달할 수 있습니다. 나의 힘이신 하나님이 나의 발을 사슴의 발과 같게 하시고 위기를 뛰어넘게 하셔서 마침내 높은 곳에 이르게 하십니다.

홀로 위기를 이겨 내려고 하지 마십시오. 혼자는 매우 위험합니다. 하나님이 도우셔야 위기를 이겨 낼 수 있습니다. 그러므로 나를 나의 높은 곳에 오르게 하시는 하나님의 도움을 구하기 바랍니다. 하나님은 도움을 구하는 사람을 도우십니다. 이것이 하나님이 하시는 일입니다. 승리한 사람만 높은 곳에 오를 수 있습니다. 그러므로 높은 곳은 승리한 사람만 누릴 수 있는 특권입니다.

> 그러나 이 모든 일에 우리를 사랑하시는 이로 말미암아 우리가 넉넉히 이기느니라 롬 8:37

이것은 하나님의 약속입니다. 하나님은 우리를 이기게 하십니다. 하나님은 우리에게 승리를 보장하셨습니다. 그러므로 우리는 넉넉히 이깁니다. 우리가 결단하거나 선포하기 때문에 이기는 것이 아닙니다. 이것은 하나님이 우리에게 약속하신 사실입니다. 우리는 이 말씀을 믿고 선포해야 합니다.

우리는 코로나 팬데믹을 지나 경제 위기가 겹치면서 힘든 시간을 보내고 있습니다. 고통스럽고 절망스럽습니다. 사람들의 신음이 여기저기에서 들립니다. 많은 사람이 힘들어합니다. 조난당한 사람이 많습니다. 요즘 들어 질병이 더 많아진 듯합니다. 정신적 질환도 많아진 듯합니다. 사람들의 얼굴에서 기쁨을 찾을 수 없습니다.

그런데 하박국 선지자는 우리보다 더 심각한 상황 속에 있습니다. 우리가 아무리 어려운 일을 겪고 있다 할지라도 하박국 선지자가 살았던 시대보다 힘들지는 않습니다. 그러므로 지금 우리는 하박국을 묵상해야 합니다. 그리고 하박국 마지막 부분을 놓쳐서는 안 됩니다.

하박국 선지자는 있어야 할 것이 없는 상황 속에서도 하나님을 노래했습니다. 하나님이 하박국 선지자를 어려운 상황 속에서도 노래하게 하셨습니다. 하박국 선지자는 하나님만이 나의 힘이 되신다고 노래했습니다. 하나님이 나를 이기게 하신다고 고백했습니다. 하나님으로 인해 모든 어려움을 뛰어넘는다고 고백했습니다.

하나님은 우리를 즐겁게 하십니다. 그러므로 우리는 하나님으로 말미암아 즐거워할 수 있습니다. 세상 물질이나 조건 때문에 즐거워하는 것이 아닙니다. 우리는 하나님으로 말미암아 즐거워할 수 있습니다. 순간적으로 즐거움과 만족을 주는 쾌락은 많습니다. 그러나 오래가지 않습니다. 순간적으로 즐거울 뿐입니다. 우리는 하나님으로 말미암아 참 만족을 경험할 수 있습니다. 진정한 즐거움을 경험할 수 있습니다.

하나님은 구원의 하나님이십니다. 우리는 하나님의 구원 받은 백성입니다. 그러므로 우리는 저주 받은 인생이 아닙니다. 우리는 실패할 수 없습니다. 예수님이 십자가에 못 박혀 죽으시고 부활하심으로 우리의 구원은 완성되었습니다. 그러니 그 예수님을 믿으면 됩니다. 우리에게 주어진 구원은 아무도 빼앗을 수 없습니다. 하나님이 우리에게 주신 구원보다 좋은 것은 없습니다. 우리는 구원의 하나님으로 인해 환난 중에도 즐거워할 수 있습니다.

세상의 것은 있다가도 없어집니다. 그러나 우리에게 주어진 구원은 절대 없어지지 않습니다. 하나님이 우리에게 주신 것이기 때문입니다. 우리 인생은 우리가 움직일 수 없습니다. 때로는 실패할 수 있습니다. 하나님은 우리가 실패한 것까지 사용하셔서 우리를 승리하게 하십니다. 때로는 넘어집니다. 그러나 하나님은 우리를 일으키셔서 앞으로 나아가게 하십니다. 우리가 하나님의 자녀이기 때문입니다. 구원의 하나님이 우리를 붙드시기 때문에 우리는 완전히 엎드러지지 않습니다(시 37:24). 하나님이 우리를 책임지십니다.

살다 보면 내가 책임질 수 없는 일이 일어날 때가 있습니다. 우리의 힘으로 감당할 수 없는 일을 겪을 때가 있습니다. 그때 세상 사람들은 대책이 없습니다. 그래서 깨어지고 무너집니다. 그러나 우리에게는 길이 있습니다.

우리의 구원은 우리의 열심에 있지 않습니다. 그리스도의 사랑의 줄에 매여 있습니다.

내가 확신하노니 사망이나 생명이나 천사들이나 권세자들이나 현재

> 일이나 장래 일이나 능력이나 높음이나 깊음이나 다른 어떤 피조물이라도 우리를 우리 주 그리스도 예수 안에 있는 하나님의 사랑에서 끊을 수 없으리라 롬 8:38-39

아무리 힘들어도 체념하거나 낙심하거나 절망하지 마십시오. 하나님이 우리를 붙드십니다. 하나님이 우리를 일으켜 세우십니다. 하나님이 우리를 회복시키십니다. 하나님이 우리에게 부흥의 날을 주십니다. 하나님이 우리를 높은 곳에 세워 주십니다. 하나님을 바라보기 바랍니다. 하나님을 의지하기 바랍니다. 하나님이 우리의 힘이 되십니다. 하나님으로 말미암아 날마다 노래하기 바랍니다. 하나님의 위대하심을 찬양하기 바랍니다.

날마다 우리를 이기게 하실 하나님을 기대하기 바랍니다. 하나님을 노래하고, 노래하고, 또 노래하기 바랍니다. 우리의 입술에서 찬양이 끊임없이 나오는 역사가 일어나기를 바랍니다. 누구도 우리를 흔들 수 없습니다. 하나님은 상황보다 힘 있는 분이십니다. 누구도 하나님을 이길 수 없습니다. 하나님을 의지하면 승리할 것입니다. 우리의 가정에 노래가 회복되기를 바랍니다. 하나님은 우리가 부르는 노래의 주제가 되십니다.

PART 2
성숙

6장.
하나님과 화평을 누리다

―――――――――――――――――――――――― *Victory*

로마서 5:1

1 그러므로 우리가 믿음으로 의롭다 하심을 받았으니 우리 주 예수 그리스도로 말미암아 하나님과 화평을 누리자

죄가 비극을 가져왔습니다

하나님을 믿습니까? 신앙생활 하고 있습니까? 그렇다면 최소한 우리가 무엇을 믿는가 정도는 알고 신앙생활 해야 합니다. 복음의 내용을 알아야 합니다. 이 시대가 매우 악합니다. 그러므로 우리는 믿음으로 무장해야 합니다. 그렇지 않으면 현실 속에서 경험하는 여러 가지 어려움을 이겨 낼 수 없습니다. 정확하게 알고 신앙생활을 해야 합니다. 확신을 가져야 합니다. 확신하는 것을 삶 속에서 누려야 합니다.

믿음이 연약한 사람은 사소한 것에도 흔들립니다. 낙심합니다. 그러나 우리는 신앙생활 할수록 믿음을 견고히 해야 합니다. 환난과 시련, 여러 가지 사고를 경험할지라도 믿음이 흔들려서는 안 됩니다. 우리는 믿음을 통해 우리에게 주어진 것이 무엇인지, 그리스도인이 된다는 것이 무슨 의미인지, 그리스도인에게 주어지는 특권이 무엇인지를 알아야 합니다. 그리스도인이 된다는 것은 매우 영광스러운 것이요, 그리스도인이 되어서 누리는 복이 풍성하다는 것을 알아야 합니다.

사람이 죄를 범했습니다. 이 일로 갈 길을 잃었습니다. 하나님을 떠난 사람은 하나님과의 관계가 불편해졌습니다. 결국 하나님을 반역하며 살아갑니다.

전에 악한 행실로 멀리 떠나 마음으로 원수가 되었던 너희를 골 1:21

인정하고 싶지 않지만, 죄를 범한 사람은 하나님과 원수가 되었습니다. 사탄의 편이 되었습니다. 사탄을 따라다니며 하나님이 싫어하시는 짓을 행합니다. 이 때문에 불행과 고통이 시작됩니다.

하나님과의 관계가 올바르지 않은 상태에서 무엇을 제대로 할 수 있겠습니까? 무엇인들 잘할 수 있겠습니까? 죄를 범한 사람은 방황할 수밖에 없습니다. 허무한 것에 끌려다닐 수밖에 없습니다. 자신이 생각하는 대로 이룰 수 없습니다.

가까운 사람과의 관계에 문제가 생기면 힘듭니다. 자신보다 힘 있는 사람과의 관계에 문제가 생기면 더 힘듭니다. 무엇을 하든 제대로 할 수 없습니다. 하나님과의 관계에 문제가 생기는 것은 사람과의 관계에 문제가 생기는 것과 비교할 수 없습니다.

사람은 죄를 범하고 하나님과 멀어졌습니다. 하나님과 사람 사이에 담이 생겼습니다. 하나님께 죄를 범한 사람은 하나님의 진노를 받아 마땅합니다. 사도 바울은 사람이 하나님께 죄를 범한 것을 가리켜 허물과 죄로 죽었다고 했습니다(엡 2:1). 죄를 범한 사람은 생명이 없습니다. 죄를 범한 사람은 하나님께 등을 돌리고 있습니다. 하나님께 등을 돌리고 있는 사람은 고통하고 절망할 수밖에 없습니다. 그러므로 하나님과의 관계가 회복되어야 합니다.

그런데 우리 힘으로는 하나님과의 관계를 회복할 수 없습니다. 하나님이 우리의 죄를 용서해 주셔야 회복됩니다. 하나님은 관계 회복을 위해 우리에게 믿음을 주셨습니다. 믿음으로 우리가 의롭게 되는 길을 열어 주셨습니다.

하나님이 내 편이 되셨습니다

> 내가 복음을 부끄러워하지 아니하노니 이 복음은 모든 믿는 자에게 구원을 주시는 하나님의 능력이 됨이라 먼저는 유대인에게요 그리고 헬라인에게로다 복음에는 하나님의 의가 나타나서 믿음으로 믿음에 이르게 하나니 기록된 바 오직 의인은 믿음으로 말미암아 살리라 함과 같으니라 롬 1:16-17

예수님은 우리의 죄를 대속하시기 위해 십자가에 못 박혀 죽으셨습니다. 예수님은 십자가의 죽음을 통해 사람이 하나님께 범한 모든 죄를 용서받게 해주셨습니다.

예수 그리스도로 말미암아 하나님과 사람의 관계가 회복되었습니다. 하나님과 화목하게 되었습니다. 이제 우리는 믿음으로 의로워졌습니다. 의로운 재판장이신 하나님이 우리에게 죄가 없다고, 우리를 의롭다고 선포하셨습니다. 이것이 복음입니다. 복음은 믿는 자에게 구원을 주시는 하나님의 능력입니다. 우리가 믿어서 구원받는 것이 아닙니다. 하나님이 우리를 구원하셨습니다. 하나님은 예수 그리스도를 통해 우리를 구원하셨습니다. 그러므로 믿음은 하나님이 우리에게 주시는 선물입니다. 우리는 예수님이 십자가에 못 박혀 죽으신 것을 믿습니다. 예수님은 하나님과 우리의 관계 회복을 위해 십자가에 못 박혀 죽으심으로 화목 제물이 되셨습니다.

사람이 죄를 범하여 하나님과의 관계가 깨어진 것은 곧 저주입니다. 이보다 심각한 상태는 없습니다. 에덴동산에서 아담과 하와가 죄를 범한 이후, 사람은 고난을 피할 수 없게 되었습니다. 고난이 일상이 되었습니다. 불행과 고통이 이어집니다. 천재지변, 전쟁, 전염병 등을 피할 수 없습니다. 결핍을 경험하고 두려움을 느끼며 살 수밖에 없습니다. 이것이 저주입니다.

저주는 결핍을 초래했습니다. 하나님은 우리에게 좋은 것을 주시는데, 하나님과의 관계가 깨어지면 공급이 끊어집니다. 죽은 상태와 다르지 않습니다. 태양으로부터 멀어지면 겨울이 옵니다. 이와 마찬가지로 하나님으로부터 멀어지면 살벌해집니다. 자신의 힘으로 하나님 없이 살아야 하기 때문입니다. 이기적으로 살 수밖에 없습니다. 사람들은 결핍을 해결하려고 노력하지만, 노력한 만큼의 열매를 거두지 못합니다. 그래서 사람들은 어디서든 싸웁니다. 손해 보지 않으려고 애씁니다. 많이 가지고 있어도 싸웁니다. 불안하기 때문입니다. 두렵기 때문입니다.

그런데 예수님이 우리를 대신하여 십자가에 못 박혀 죽으심으로 우리 대신 저주를 받으셨습니다. 스스로 속죄 제물이 되셨습니다. 예수님의 십자가를 통해 저주와 고통의 문제가 모두 해결되었습니다. 저주와 고통이 예수님의 십자가로 말미암아 복이 되었습니다.

예수님의 십자가를 통해서만 저주와 고통이 복이 될 수 있습니다. 그러므로 예수님의 십자가는 하나님의 지혜요 하나님의 능력입니다. 예수님의 십자가를 통해 모든 것이 달라졌습니다. 하나님과 사람의 관계가 회복되었습니다. 하나님과 사람의 관계가 새로워졌습니다. 하나님으로부터 멀어지는 것은 저주입니다. 하나님과의 관계가 회복되는 것은 복 중의 복입니다. 하나님과의 관계를 통해 최고의 복을 경험할 수 있습니다.

> 그러므로 우리가 믿음으로 의롭다 하심을 받았으니 우리 주 예수 그리스도로 말미암아 하나님과 화평을 누리자 롬 5:1

믿음으로 의로워진 우리는 하나님과의 관계가 회복되었습니다. 하나님은 만물을 다스리십니다. 만물이 하나님의 발아래에 있습니다. 하나님이 진노하시면 온 세상이 한순간에 끝날 수 있습니다. 그래서 구약시대에는 하나님 앞으로 담대히 나아갈 수 없었습니다. 대제사장이 대속죄일에만 지성소에 들어갈 수 있었습니다. 그런데 예수님이 십자가에서 죽으신 이후, 하나님의 진노 아래에 있던 사람이 하나님과 화평을 누리게 되었습니다. 하나님과 화평을 누린다는 것은 굿 뉴스(Good news)입니다. 하나님과 화평을 누리는 것이 최고의 복입니다.

모든 복은 하나님과의 관계를 통해 주어집니다. 믿음으로 하나님과 화평한 관계를 이룰 수 있습니다. 그러므로 믿음이 복입니다. 믿음은 하나님의 은혜입니다. 하나님의 선물입니다. 신앙생활은 그리스도 안에서 주어진 것을 누리는 것입니다. 그러므로 적극적으로 신앙생활 해야 합니다. 지금 하나님의 나라를 누려야 합니다. 칭의(稱義) 교리를 이해하는 것으로 만족해서는 안 됩니다. 하나님과 회복된 관계를 누려야 합니다. 하나님과 화평을 누려야 합니다.

> 내가 확신하노니 사망이나 생명이나 천사들이나 권세자들이나 현재 일이나 장래 일이나 능력이나 높음이나 깊음이나 다른 어떤 피조물이라도 우리를 우리 주 그리스도 예수 안에 있는 하나님의 사랑에서 **끊을 수 없으리라** 롬 8:38-39

세상의 어떤 것도 하나님과 우리의 관계를 깨뜨릴 수 없습니다. 구원은 하나님이 우리에게 주신 선물입니다. 하나님은 우리를 구원하시기 위해 엄청난 대가를 치르셨습니다. 이를 통해 우리는 우리를 향한 하나님의 마음을 알 수 있습니다.

> 여호와는 내 편이시라 내가 두려워하지 아니하리니 사람이 내게 어찌할까 여호와께서 내 편이 되사 나를 돕는 자들 중에 계시니 그러므로 나를 미워하는 자들에게 보응하시는 것을 내가 보리로다 시 118:6-7

더 이상 하나님과 우리는 원수 관계가 아닙니다. 우리는 하나님과 한편이 되었습니다. 이제 하나님과 사람 사이에는 걸림돌이 없습니다.

> 그런즉 이 일에 대하여 우리가 무슨 말 하리요 만일 하나님이 우리를 위하시면 누가 우리를 대적하리요 롬 8:31

하나님과 화평을 이룬 우리를 누가 대적할 수 있겠습니까? 우리를 대적하는 사람은 하나님을 대적하는 것이 됩니다.

> 내가 아뢰는 날에 내 원수들이 물러가리니 이것으로 하나님이 내 편이심을 내가 아나이다 시 56:9

하나님이 내 편이십니다. 얼마나 놀라운 일입니까? 그러므로 힘들고 어려운 때 우리는 하나님께 피해야 합니다. 하나님께 피하는 것이 믿음입니다. 하나님께 피할 때 우리의 마음은 평안해집니다.

완전한 샬롬으로 나아갑시다

구원은 우리가 부족해서, 우리 실수 때문에 취소되고 말고 하는 것이 아닙니다. 하나님은 우리가 못나고 실수할지라도 우리를 사랑하십니다. 우리는 예수님이 이 세상에 오신 이유를 분명히 알아야 합니다. 그렇게 할 때 믿음이 흔들리지 않습니다.

우리는 연약합니다. 그러나 절망하지 않습니다. 우리의 연약한 모습을 통해 하나님의 능력이 드러나기 때문입니다. 그러므로 우리는 담대할 수 있습니다. 하나님이 우리의 아버지이시므로 화평을 누릴 수 있습니다. 우리는 하나님을 두려워하지 않습니다.

살다 보면 죄를 짓습니다. 죄책감 때문에 마음이 무거워집니다. 마귀는 "양심도 없냐?"라고 우리를 참소합니다. 마귀가 정죄하면 무섭습니다. 마귀의 정죄는 사람을 위축되게 합니다. 기도하지 못하게 합니다. 하나님 앞으로 나아가지 못하게 합니다. 그러나 우리 구원은 행위로 얻는 게 아닙니다. 믿음으로 구원받습니다. 하나님은 우리의 믿음을 보시고 의롭게 하십니다. 우리는 하나님과의 화평을 적극적으로 누려야 합니다. 하나님과의 화평은 누구도 빼앗을 수 없습니다. 그러므로 우리는 보혈의 능력을 의지해야 합니다.

살다 보면 고난을 겪습니다. 신자가 경험하는 고난은 하나님과 상관없지 않습니다. 그러므로 신자의 고난은 저주가 아닙니다. 신자에게는 고난도 유익합니다. 그러므로 고난을 겪는 것으로 인해 낙망해서는 안 됩니다. 하나님께 버림받았다고 생각해서는 안 됩니다.

> 그러므로 우리는 긍휼하심을 받고 때를 따라 돕는 은혜를 얻기 위하여 은혜의 보좌 앞에 담대히 나아갈 것이니라 히 4:16

우리가 누리는 화평은 거저 주어진 것이 아닙니다. 그러므로 우리는 담대해야 합니다. 우리는 언제든지 하나님 앞으로 담대히 나아갈 수 있습니다. 이것이 우리에게 주어진 특권입니다.

사는 것이 쉽지 않습니다. 어려움이 많습니다. 마치 전쟁을 치르는 듯합니다. 우리는 기대하고 살지만, 기대 대로 되지 않습니다. 오히려 실망할 때가 많습니다. 사람과의 관계도 만만하지 않습니다. 오해하고 불화할 때가 많습니다. 이렇게 모든 것이 얽히

고설킨 세상 속에서 살아갑니다.

살다 보면 피할 길 없는 막다른 길로 내몰린 듯한 때가 있습니다. 우리가 생각하는 대로, 계획하는 대로 되지 않습니다. 땀 흘리며 노력하지만, 결과가 허무할 때가 많습니다. 그러나 우리에게는 대로가 열려 있습니다. 하나님께 나아가는 길입니다. 은혜의 보좌로 나아가는 대로입니다.

하나님과의 관계에 어려움이 있으면 무엇을 하든 어려움이 있습니다. 그러나 하나님과 화평을 이루는 순간 우리는 아무 문제 없이 살 수 있습니다. 다른 길이 다 막혀도 하나님께 나아가는 길은 항상 열려 있습니다. 그러므로 신자에게는 문제 될 것이 없습니다.

하나님은 우리가 하나님 앞으로 나아오기를 원하십니다. 하나님은 우리가 하나님과 화평을 누리기를 원하십니다. 그러므로 하나님 앞으로 나아가기 바랍니다. 하나님은 우리에게 등을 돌리지 않으십니다. 하나님은 영원히 우리의 편이 되어 주십니다.

> 아무 것도 염려하지 말고 다만 모든 일에 기도와 간구로, 너희 구할 것을 감사함으로 하나님께 아뢰라 그리하면 모든 지각에 뛰어난 하나님의 평강이 그리스도 예수 안에서 너희 마음과 생각을 지키시리라 빌 4:6-7

우리가 하나님께 기도하면 하나님과 우리의 관계가 회복됩니다. 하나님이 우리의 마음과 생각을 지켜 주십니다. 우리는 하나님이 주시는 평강을 경험할 수 있습니다. 하나님과의 관계가 회복되면 사람과의 관계도 회복됩니다. 원수도 사랑할 수 있습니다. 이것이 완전한 샬롬입니다. 샬롬은 구원의 절정입니다.

매일 매 순간 하나님과의 화평을 누리기 바랍니다. 하나님과 화평을 누리는 사람은 실패할 수 없습니다. 하나님이 책임지시기 때문입니다. 죄를 지을 때도 있지만 하나님과의 관계는 깨어지지 않습니다.

무슨 일이 일어나든 낙심하지 마십시오. 절망하지 마십시오. 하나님 앞으로 담대히 나아가기 바랍니다. 하나님이 모든 것을 해결해 주실 것입니다. 하나님과의 화평을 누리기 바랍니다. 은혜의 보좌 앞으로 담대히 나아가기 바랍니다.

7장.
환난 중에 즐거워하다

Victory

로마서 5:3-4

³ 다만 이뿐 아니라 우리가 환난 중에도 즐거워하나니 이는 환난은 인내를, ⁴ 인내는 연단을, 연단은 소망을 이루는 줄 앎이로다

어떻게 고난을 피할 수 있겠습니까

믿음으로 사는 것은 쉽지 않습니다. 예수님을 믿는 것은 평탄한 길이 아닌 비포장길을 가는 것이요, 넓은 길이 아닌 좁은 길을 가는 것입니다. 그러므로 예수님을 믿겠다고 결심하는 것은 힘든 길로 들어서는 것입니다.

신앙생활을 시작했을 때에는 모든 것이 좋습니다. 초신자였을 때에는 기도하는 대로 응답받습니다. 마치 천국을 경험하는 듯합니다. 그래서 신앙생활을 시작하는 사람은 예수님을 믿는 것이 힘든 일이라는 걸 알지 못합니다. 그런데 시간이 지나고 믿음이 성장한 후에는 기도하는 대로 바로 응답받지 못하는 것을 경험합니다. 기도 응답을 받을 때까지 기다려야 합니다. 이때부터 믿음 생활을 하는 것이 힘난하게 느껴집니다.

> 다만 이뿐 아니라 우리가 환난 중에도 즐거워하나니 이는 환난은 인내를 롬 5:3

우리는 믿음으로 의롭다 함을 받았습니다. 하나님과 화평을 누립니다. 하나님의 영광을 바라고 즐거워합니다. 얼마나 복됩니까? 이보다 더 좋을 수 없습니다. 그런데 이것이 끝이 아닙니다. 바울은 "다만 이뿐 아니라 우리가 환난 중에도 즐거워하나니"라고 했습니다.

여기서 '환난'은 우리가 일상 가운데 겪는 질병이나 실패, 마음대로 되지 않는 것을 뜻하는 것이 아닙니다. 이 시대를 사는 우리는 바울이 표현한 환난이란 단어를 정확히 이해하기 어렵습니다. 그러나 1세기의 상황이 어떠했는가를 알면 이해에 도움이 됩니다.

1세기에는 그리스도인이 매우 적었습니다. 당시 사람들은 예수님이 누구신지 알지 못했습니다. 그리스도인에 대해 적대적이었습니다. 그런 가운데서 그리스도인이 환난을 겪는 것은 당연합니다. 당시에는 예수님을 믿는다고 결심하는 순간, 고난을 각오해야 했습니다.

> 제자들의 마음을 굳게 하여 이 믿음에 머물러 있으라 권하고 또 우리가 하나님의 나라에 들어가려면 많은 환난을 겪어야 할 것이라 하고
> 행 14:22

사도 바울은 제자들의 마음을 무장시켰습니다. 교회가 시작될 당시 박해가 이어졌기 때문입니다. 복음이 전해지는 곳에는 사람들이 분노하며 달려들었습니다. 사람들은 복음을 전하는 스데반에게 돌을 던졌고, 스데반은 그 돌에 맞아 순교했습니다. 사

도 바울 역시 환난을 많이 겪었습니다.

그리스도인과 고난은 떼려야 뗄 수 없습니다. 그리스도인은 고난을 겪는 것을 당연하게 여겨야 합니다. 믿음을 지키려면 어려움을 겪는 것을 당연하게 여겨야 합니다. 믿음을 지키려고 하면 괴롭히는 사람이 반드시 있습니다. 모함합니다. 왕따당하기도 합니다.

> 그가 세상에 계셨으며 세상은 그로 말미암아 지은 바 되었으되 세상이 그를 알지 못하였고 자기 땅에 오매 자기 백성이 영접하지 아니하였으나 요 1:10-11
> 세상이 너희를 미워하면 너희보다 먼저 나를 미워한 줄을 알라
> 요 15:18

우리는 고난을 겪는 것을 이상하게 여겨서는 안 됩니다. 세상 사람들이 나를 미워할 때, 우리는 예수님이 세상의 미움을 받으신 것을 기억해야 합니다.

고난의 때에 신앙이 드러납니다

사도 바울은 환난 중에도 즐거워한다고 했습니다. 환난과 즐거움은 어울리지 않습니다. 이해하기 어렵습니다. 환난 중에 즐

거워할 수 있습니까? 환난이 닥치면 사람들은 원망합니다. 분노합니다. 낙심하고 절망합니다. 환난이 오면 즐거움이 사라집니다. 환난은 즐거움을 빼앗아 갑니다. 평소에는 자신만만하게 살아갑니다. 그러나 고난과 시련을 겪으면 사람들은 꼼짝하지 못합니다. 쓰러집니다.

신앙생활은 고난과 연결되어 있습니다. 환난으로 인해 낙심하는 그리스도인이 많습니다. 고난은 혹독합니다. 예수님의 제자들도 예외가 아니었습니다. 예수님이 십자가에 못 박히셨을 때, 예수님의 제자들은 다 도망갔습니다. 수제자 베드로도 예수님을 모른다고 부인했습니다. 그러므로 신자는 고난을 대수롭지 않게 여겨서는 안 됩니다.

사람들은 편하게 살고 싶어 합니다. 그래서 큰 환난이 닥치면 많은 사람이 예수님을 변절합니다. 예수님을 떠납니다. 평안한 때에는 신앙의 상태가 어떠한지 평가할 수 없습니다. 형통한 때에는 믿음이 좋은 듯합니다. 환난을 겪어야 신앙의 상태가 드러납니다. 평안한 때에는 하나님께 감사하고 모든 것이 은혜라고 말합니다. 평안한 때에 하나님께 감사하는 것은 어렵지 않습니다. 그러나 어려움을 겪으면 감사하기 힘듭니다. 자신이 뜻한 대로 되지 않아 힘든 때에도 하나님께 감사할 수 있어야 합니다. 하나님의 하나님 되심을 고백해야 합니다. 그것이 참된 믿음입니다.

기복적으로 믿는 사람은 형통하기를 원합니다. 그래서 이런 사람들은 환난과 어려움이 닥치면 정신을 차리지 못합니다. 그러나 고난을 겪지 않고 형통할 수 없습니다. 고난 없이 형통한 삶을 약속하는 곳은 이단, 사이비입니다.

기독교에서는 고난이 없다고 말하지 않습니다. 예수님을 믿는 사람에게도 고난이 닥칠 수 있다고 말합니다. 시련을 통해 믿음이 자란다고 가르칩니다. 물론 성경공부, 제자훈련을 통해 믿음이 자라기도 하지만, 믿음이 자라기를 원한다면 고난을 겪어야 합니다. 광야를 반드시 경험해야 합니다.

신앙생활을 하다 보면 온갖 고난을 겪습니다. 그런데 이 시련을 겪고 나면 믿음이 성장합니다. 믿음이 강해집니다. 초신자였을 때에는 사람들이 관심을 가집니다. 주일에 교회 오기만 해도 칭찬합니다. 그런데 시간이 흐르면 어려움을 겪습니다. 때로는 억울한 일을 경험하기도 합니다. 교회를 떠나고 싶어집니다. 이때 믿음이 자랍니다. 칭찬받을 때는 자신이 누군지 알지 못합니다. 그러나 어려움을 겪을 때, 자신의 믿음이 어떠한가를 알 수 있습니다. 그러므로 어려움을 겪을 때, 믿음으로 어려움을 이겨내야 합니다. 믿음으로 어려움을 이겨 낼 때, 자신이 누구인지 알 수 있습니다.

오늘날 많은 교회에서 일어나는 일입니다. 교회에서 중직자를 선출하고 나면 선출되지 않은 사람들 중에 시험에 드는 사람이 많습니다. 그래서 교회를 떠나려고 합니다. 이때 그 사람의 영적 실력을 알 수 있습니다. 중직자로 선출되지 않았음에도 마음의 흔들림 없이 한결같이 평안을 유지하고 자기 자리를 지키는 사람이 참 믿음의 소유자입니다. 부요한 때에 헌금하고 봉사하는 것은 당연한 일입니다. 그러나 경제적으로 어려운 때에 어떻게 헌금하는가를 보면 그 사람의 믿음이 어떠한가를 알 수 있습니다.

나무는 세월의 흐름에 따라 결을 만듭니다. 나무의 결이 깊을수록 어려움을 이겨 낼 수 있습니다. 살면서 고난을 겪습니다. 고난을 통해 우리의 믿음이 단련됩니다. 환난을 견뎌 낸 것을 통해 믿음의 상태를 알 수 있습니다. 환난을 이겨 내지 못하는 믿음은 아무 의미 없습니다. 신앙은 이론이 아닙니다. 현실입니다. 현실 속에서 시련을 겪으면 믿음이 어떠한지 드러납니다. 평안한 때에는 믿음의 상태를 알 수 없습니다.

환난 중에 즐거워할 수 있습니까? 그 비결을 알려면 환난을 경험해야 합니다. 환난 중에도 즐거워한다는 것은 환난이 즐겁다는 의미가 아닙니다. 환난은 즐겁지 않습니다. 고난을 즐거워하는 사람은 없습니다. 환난을 겪는 것은 힘듭니다. 고통스럽습니다. 그러나 환난을 통해 믿음이 연단됩니다. 높은 온도의 가마를 통과해야 멋진 도자기가 되는 것처럼 환난을 통해 믿음이 순결해집니다.

일반적으로 고난을 부정적인 것으로만 생각합니다. 사람들은 고난은 불행이요 저주라고 여깁니다. 고난을 겪지 않는 것을 행복이라고 생각합니다. 행여 고난 중에 빠지면 하나님이 자신을 버리셨다고 생각합니다. 죄를 많이 지어 고난을 겪는다고 생각합니다.

그러나 그리스도인의 생각은 달라야 합니다. 살면서 고난을 겪는 것은 당연합니다. 고난을 겪어야 합니다. 오히려 예수님을 잘 믿을수록 고난이 찾아옵니다. 바벨론의 왕실에 다니엘과 그의 세 친구가 포로로 끌려왔습니다. 바벨론 사람들은 왕의 음식과 그가 마시는 포도주 등으로 다니엘 일행의 정체성을 흔들려고 했습니다. 그런데 그들은 왕의 음식으로 자기를 더럽히지 않겠다고 뜻을 정했습니다. 왕의 음식을 거절하고 채소만 먹었습니다. 그런데도 그들의 얼굴은 더욱 아름다웠고 왕의 음식을 먹는 다른 소년들보다 좋아 보였습니다.

이번에는 느부갓네살 왕이 세운 금 신상에게 엎드려 절하지 않는 사람은 즉시 맹렬히 타는 풀무불에 던져 넣기로 했습니다. 그리고 30일 동안 누구든지 왕 외의 어떤 신에게나 사람에게 무엇을 구하면 사자 굴에 던져 넣기로 한 금령을 세우고 그 조서에 왕의 도장을 찍었습니다. 이러한 시험은 지금도 있습니다. 믿음 생활을 제대로 할 때, 이러한 시험을 경험합니다. 신자를 모함하는 사람이 있습니다. 어떻게든 짓밟으려고 합니다.

사람의 원수가 자기 집안 식구리라 마 10:36

믿음생활을 제대로 하다 보면 예수님의 이 말씀이 무슨 뜻인지 실감합니다. 환난과 핍박을 집에서도 겪습니다. 믿음생활 제대로 하지 않는 사람은 겪지 않을 고난입니다. 아는 사람만 압니다.

그러므로 신자는 고난 겪는 것을 당연하게 여겨야 합니다. 고난을 통해 신자다운 신자가 됩니다. 편안한 환경 속에서 신앙생활을 하는 사람은 믿음이 자라지 않습니다. 그러므로 신앙생활을 하면서 어려움이 없기를 바라기보다는 어려움이 있더라도 믿음으로 이겨 낼 수 있도록 기도해야 합니다. 예수님을 믿으면서 고난이 없기를 바라고 기도하는 것은 허약한 믿음입니다.

영국 국교회의 신부요 작가인 제러미 테일러(Jeremy Taylor)는 "하나님은 우리가 불행하게 되는 것을 방지하시려고 무서운 사건으로 우리를 위협하신다"라고 말했습니다. 그렇습니다. 우리가 환난과 시련을 겪는 동안 하나님은 수많은 유혹을 지나가게 하십니다.

세상에는 우리를 유혹하는 것, 우리의 마음을 빼앗는 것이 많습니다. 형통한 날만 있으면 죄를 지을 기회가 많습니다. 그러나 고난을 겪으면, 매일 하나님 앞에 엎드려 기도합니다. 그러다 보면 죄를 지을 틈이 없습니다. 이처럼 하나님은 고난을 통해 우리를 보호하시고 붙잡아 주십니다.

세상은 악합니다. 타락한 세상입니다. 그 속에서 믿음을 지키는 것은 쉽지 않습니다. 하나님의 말씀대로 살기 어렵습니다. 신자에게 이 세상은 전쟁터와 같습니다. 그 속에서 신앙생활을 올바르게 하는 것은 매우 어렵습니다. 신자로서 정직하게, 깨끗하게 살기 어렵습니다. 밤에는 회식을 빙자한 술판이 벌어집니다. 성적 문란함을 개방적인 것으로 포장합니다. 한국 사회에는 구조적 악이 있습니다. 그 속에서 믿음을 지키려면, 그리스도인으로서 살아가려면 엄청난 손해를 각오해야 합니다. 때로는 직업을 바꾸어야 하는 일도 생깁니다.

신자가 고난을 겪는 것은 믿음으로 살고 있다는 의미입니다. 신자로서 제대로 산다는 의미입니다. 그러므로 예수님을 믿는다는 이유로 사람들의 미움을 사고 있다면 힘들어할 것이 아니라 오히려 기뻐해야 합니다.

고난의 이유를 알면 즐거울 수 있습니다

환난 중에도 즐거워한다는 것은 환난을 경험한 후에 우리에게 주어질 즐거움이 있다는 의미입니다. 우리는 그것을 기대해야 합니다.

세상에는 고난으로 가득합니다. 믿음 생활을 하지 않는 사람도 고난을 겪습니다. 그러므로 고난을 겪을 때 무엇을 위한 고난인가를 생각해야 합니다. 고생만 하다가 삶이 끝난다면 아무 의미 없습니다. 불행한 인생입니다. 고생하는 이유, 고생하는 목적이 있어야 합니다. 고생한 후에 유익이 있어야 합니다.

운동선수들은 올림픽에 출전하여 금메달을 획득하기 위해 힘들게 훈련합니다. 목표가 분명하므로 힘들어도 참습니다. 산모는 새 생명을 위해 산통을 참고 견딥니다. 산통을 겪지 않으려고 한다면 새 생명을 낳을 수 없습니다.

이와 마찬가지로 하나님의 역사를 경험하려면 시련을 반드시 겪어야 합니다. 고난의 이유와 목적이 분명하다면 고난을 참을 수 있습니다. 신자는 환난을 겪은 이후에 경험하게 될 영광을 생각합니다. 그래서 환난 중에도 즐거워할 수 있습니다.

"우리가 환난 중에도 즐거워"(롬 5:3)한다는 말에는 자랑한다는 의미가 있습니다. 겪은 환난을 자랑한다는 것입니다. 환난을 겪는 것을 특권으로 여긴다는 의미입니다. 환난의 기회를 놓치고 싶지 않다, 환난의 기회를 누구에게도 빼앗기고 싶지 않다는 의미입니다. 이것이 환난을 대하는 그리스도인의 태도입니다.

기독교 역사를 살펴보면 환난과 시련, 핍박 속에서도 교회가 무너지지 않았던 것은 환난 중에도 즐거워했기 때문입니다. 믿음의 조상들은 환난당하는 것을 자랑스러워했습니다. 고난을 대하는 그리스도인은 이러해야 합니다.

그렇다고 사도 바울이 환난 자체를 즐거워했다는 말은 아닙니다. 다만 사도 바울은 자신이 환난을 겪는 이유가 무엇인지 알았습니다. 그래서 환난을 경험하면서도 즐거워했습니다. 지금 내가 환난중이라면 그 이유를 분명하게 알아야 합니다. 고난의 가치를 확실하게 확인해야 합니다.

왜 고난을 겪는가를 모르면 고난이 더욱 고통스럽게 느껴질 것입니다. 욥기를 보면, 욥은 자신이 왜 고난을 겪는지 알지 못했습니다. 이유를 알지 못한 채 고난을 겪었기 때문에 고난이 더욱 고통스럽게 느껴졌습니다. 이럴 때는 고난 자체에 주목하기 쉽습니다. 그러나 고난을 겪을 때 그 상황에 몰두하면 안 됩니다.

사도 바울은 환난을 통해 자신이 깨닫는 것을 주목했습니다. 그래서 사도 바울은 환난 중에도 즐거워할 수 있다고 고백했습니다. 이렇게 고백할 수 있는 사람은 환난을 겪으며 힘들어하지 않습니다. 여기서 힘이 나옵니다.

세상 사람들은 자신이 겪는 환난 자체를 주목합니다. 환난 자체를 주목하면 환난은 환난에 불과합니다. 그러므로 세상 사람들은 환난 가운데 즐거워할 수 없습니다. 세상 사람들은 자신의 힘으로 환난을 이기려고 합니다. 이런 사람은 의지력이 굉장히 강합니다. 이런 사람은 날카롭습니다. 다가가기 어렵습니다. 설령 자신이 노력해서 환난을 극복했다 할지라도 환난으로 인한 아픔이 없어지는 것은 아닙니다.

고난을 겪을 때 무엇 때문에 고난을 겪는가를 생각해야 합니다. 예수님을 위해 살아가는 사람이 경험하는 고난은 명예로운 고난입니다. 예수님을 위해 살면서 고난을 겪지 않는다면 그것이 오히려 이상합니다. 예수님을 위해 살다가 고난을 겪는 것은 기쁜 것입니다. 예수님이 겪으신 고난을 조금이나마 경험하는 것은 명예로운 것입니다.

신앙인이라는 이유로 손해를 볼 때가 있습니다. 일방적으로 당할 때가 있습니다. 그렇다면 화가 나는 것이 맞습니다. 이불을 뒤집어쓰고 울고 소리를 지르는 것이 옳습니다. 그런데 이전에 경험하지 못한 기쁨을 경험합니다. 이처럼 신앙생활을 하면서 경험하는 기쁨은 세상에서 경험하는 기쁨과 차원이 다릅니다.

반대로 자신이 예수님을 믿는다는 것을 숨긴 채 예수님을 믿지 않는 사람들과 싸워 이겼습니다. 그런데 마음이 결코 편하지 않습니다. 패배감을 느낍니다. 이것은 이긴 것 같지만 진 것입니다. 예수님은 십자가를 통해 우리에게 이 사실을 분명하게 보여 주셨습니다. 예수님은 십자가를 이기라고 가르쳐 주시지 않습니다. 십자가의 길은 죽는 길입니다.

나는 너희에게 이르노니 악한 자를 대적하지 말라 누구든지 네 오른편 뺨을 치거든 왼편도 돌려 대며 또 너를 고발하여 속옷을 가지고자

하는 자에게 겉옷까지도 가지게 하며 또 누구든지 너로 억지로 오 리를 가게 하거든 그 사람과 십 리를 동행하고 네게 구하는 자에게 주며 네게 꾸고자 하는 자에게 거절하지 말라 마 5:39-42

예수님은 지는 법, 신자답게 사는 법을 가르쳐 주십니다. 예수님은 우리에게 지름길이 아닌 먼 길을 가르쳐 주십니다. 예수님은 이기는 법을 가르쳐 주시지 않습니다. 오히려 지는 법을 가르쳐 주십니다. 손해 보는 법을 가르쳐 주십니다. 십자가를 경험해야 부활을 경험할 수 있기 때문입니다. 이것을 아는 사람은 많습니다. 그런데 아는 대로 사는 사람은 적습니다.

십자가에는 아름다운 진리가 들어 있습니다. 십자가는 우리를 승리하게 합니다. 십자가를 경험하지 않은 채 승리할 수 없습니다. 그리스도인만이 환난 중에 즐거워할 수 있습니다. 환난 중에 즐거워하는 그리스도인은 환난을 겪어도 얼굴이 어둡지 않습니다. 환난을 겪는 것을 억울하게 생각하지 않습니다. 오히려 기뻐합니다.

참 기쁜 마음으로 십자가 지고 가라
네가 기쁘게 십자가 지고 가면
슬픈 마음이 위로 받네
[찬송가 458장 후렴]

> 사랑하는 자들아 너희를 연단하려고 오는 불 시험을 이상한 일 당하는 것 같이 이상히 여기지 말고 오히려 너희가 그리스도의 고난에 참여하는 것으로 즐거워하라 이는 그의 영광을 나타내실 때에 너희로 즐거워하고 기뻐하게 하려 함이라 벧전 4:12-13

하나님을 위해 사는 사람은 어둡지 않습니다. 환난과 시련을 겪은 후에 다가올 영광을 알기 때문에 고난에 참여하는 것으로 즐거워할 수 있습니다. 지금 당장 무엇인가를 기대하는 사람은 믿음이 필요 없습니다. 장래를 위해 믿음이 필요합니다. 우리는 장래에 우리에게 주어질 영광을 바라고 기다립니다. 하나님의 영광을 바라고 즐거워합니다. 환난 중에 즐거워합니다.

현실 속에서 경험하는 환난은 작지 않습니다. 그러나 미래의 약속을 바라기에 견딜 수 있습니다. 장래에 우리에게 주어질 영광이 매우 크기 때문에 우리가 현재의 고난을 이겨낼 수 있습니다.

지금은 마지막 때입니다. 예수님의 초림과 재림 사이에 있습니다. 이때가 환난의 때입니다. 앞으로 환난이 계속될 것입니다. 극심하게 고통할 것입니다. 혹독한 시련이 닥칠 것입니다. 우리는 믿음으로 환난과 시련을 이겨 내야 합니다.

지금 세계 곳곳에서 부흥이 일어나고 있습니다. 그런데 부흥과 함께 그리스도인들에 대한 핍박이 심해지고 있습니다. 핍박으로 인해 시련과 환난을 겪는 그리스도인이 많습니다. 그런 가운데서도 믿음을 지키는 사람이 있습니다. 고난 가운데 단련된 정금 같은 믿음을 가진 사람이 있습니다. 그러므로 우리는 이 세상 속에서 믿음을 버리지 않도록, 세속화되지 않도록 기도해야 합니다.

환난과 핍박은 언제든지, 누구에게든 올 수 있습니다. 그러므로 깨어 기도해야 합니다. 영적으로 견고하게 무장해야 합니다. 그럴 때 우리는 어떠한 환난도 이겨낼 수 있습니다. 환난이 닥쳐도 두려워하지 않아야 합니다. 상황이 어떠하든 우리는 전능하신 하나님의 손안에 있습니다. 그러므로 우리는 승리할 것입니다.

> 이것을 너희에게 이르는 것은 너희로 내 안에서 평안을 누리게 하려 함이라 세상에서는 너희가 환난을 당하나 담대하라 내가 세상을 이기었노라 요 16:33

즐거워하십시오. 신자에게는 환난 중에도 즐거워하지 못할 이유가 없습니다. 상황이 어떠하든지 상황으로 인해 주눅 들지 마십시오. 믿음으로 사는 것은 어렵습니다. 그러나 믿음으로 사는 사람은 세상 사람들이 알 수 없는 즐거움을 경험할 수 있습니다. 예수님을 위해 사는 것은 즐겁습니다. 예수님과 관련된 것은 무엇이든 우리를 즐겁게 합니다. 신자는 예수님과 함께 고난을 겪는 것까지도 즐거워합니다.

사도행전 7장에 보면 스데반 집사가 설교했을 때 사람들은 그를 성 밖으로 내치고 돌로 쳤습니다. 이때 스데반 집사는 하늘을 주목하여 하나님의 영광과 및 예수께서 하나님 우편에 서신 것을 보았습니다. 이것은 수십만 명의 청중이 응원하는 것과 비교되지 않습니다. 하나님은 스데반 집사와 함께하셨습니다. 동행하셨습니다. 하나님은 스데반 집사를 환대하셨습니다. 이처럼 하나님은 예수님과 함께 고난을 겪는 사람을 혼자 두지 않으십니다.

지금 우리는 편안한 시대를 살고 있습니다. 그 속에서 사소한 것으로 인해 상처를 받습니다. 이 말씀은 현실과 거리가 있습니다. 그러나 예수님을 제대로 믿기로 결단한 사람은 환난과 시련, 고난을 피할 수 없습니다. 환난과 시련이 닥쳐도 두려워할 필요가 없습니다. 기쁨으로 십자가를 지기 바랍니다. 세상이 감당할 수 없는 하나님의 사람이 되기 바랍니다.

8장.
하늘의 소망을 굳게 붙들다

Victory

로마서 5:4-5

4 인내는 연단을, 연단은 소망을 이루는 줄 앎이로다 5 소망이 우리를 부끄럽게 하지 아니함은 우리에게 주신 성령으로 말미암아 하나님의 사랑이 우리 마음에 부은 바 됨이니

인내하는 사람이 승리합니다

바울은 환난 중에도 즐거워할 것을 당부하면서 "환난은 인내를, 인내는 연단을, 연단은 소망을 이루는 줄 앎이로다"(롬 5:3-4)라고 강조했습니다. 인내, 연단, 소망이 층을 이루고 있습니다. 인내가 있어야 연단이 있습니다. 연단이 있어야 소망할 수 있습니다.

고난이 닥쳤을 때 그리스도인은 어떻게 해야 합니까? 이것은 매우 중요한 질문입니다. 사람은 누구나 고난을 싫어합니다. 누가 고난을 좋아하겠습니까? 환난을 통과하는 데 우회로는 없습니다. 고난이 닥쳤을 때 고난을 피하려고 해서는 안 됩니다. 우리는 인내해야 합니다. 인내함으로 고난을 경험해야 합니다. 고난을 통해 인내를 배웁니다. 사는 동안 인내가 필요하지 않은 때는 없습니다. 인내하지 않으면 아무것도 이룰 수 없습니다.

모든 것은 인내의 결과입니다. 신앙생활에서도 마찬가지입니다. 인내하지 않고 이룰 수 있는 것은 없습니다. 인내는 어렵습니다. 인내가 쉽다면 우리가 이루지 못할 것이 없을 것입니다. 고난이 하루 만에 끝난다면 얼마든지 인내할 수 있습니다. 그런데 고난은 오랫동안 지속됩니다. 고난을 겪는 동안에는 시간이 멈춘 듯합니다. 언제 끝나는지도 모릅니다. 그 끝을 알 수 없습니다. 시간이 지날수록 상황은 오히려 더욱 나빠집니다. 고난이 더욱 심해지면 사람들은 모든 것을 포기하고 싶어 합니다. 편하게 살고 싶어 합니다.

그런데 고난을 겪을 때에 가장 중요한 것은 인내하는 것입니다. 인내는 끝까지 견디는 것입니다. 끝까지 인내할 수 있다면 엄청난 결실을 얻을 것입니다. 하나님이 모든 사람에게 선물을 주시는 것은 아닙니다. 하나님은 인내한 사람에게만 선물을 주십니다. 믿음은 인내하는 것입니다. 인내하는 믿음이 참된 믿음입니다. 그러므로 인내를 통해 믿음의 상태를 확인할 수 있습니다.

교회사를 살펴보면 복음을 위해 살다가 순교한 사람이 많습니다. 그들은 모두 인내한 사람입니다. 그런데 인내하지 못한 사람은 배신합니다. 배신은 심각한 실패입니다. 인내하지 못하는 사람은 순결한 믿음을 가질 수 없습니다. 우리는 인내를 통해 자신의 믿음을 증명할 수 있습니다. 인내하기 때문에 보이는 것이 있습니다. 하나님이 인내하는 사람에게만 보여 주시는 것이 있습니다.

신앙생활을 하는 데 있어서 가장 위험한 것은 조급함입니다. 그러므로 문제가 빨리 해결되기를, 고난이 빨리 없어지기를 바라서는 안 됩니다. 믿음이 약해지면 조급하게 생각합니다. 조급하게 행동합니다. 그러나 이것은 위험합니다. 조급하게 행동하는 사람은 시험에 빠질 수 있습니다. 믿음의 사람은 느긋합니다. 여유가 있습니다. 멀리 보기 때문입니다. 눈앞을 주목하면 낙심합니다. 그러므로 멀리 보아야 합니다.

믿음은 하루아침에 성장하지 않습니다. 신앙생활을 올바르게 하려면 시간이 필요합니다. 하나님은 시간을 통해 하나님의 사람들을 다듬으십니다. 우리는 시간 속에서 겪어야 할 것을 겪어야 합니다. 믿음은 시간에 순응하는 것입니다. 시간에 순응하는 것이 인내입니다.

하나님은 시간 속에서 일하십니다. 그러므로 우리는 시간에 순응해야 합니다. 하나님은 시간에 순응하는 사람에게 개입하십니다. 시간은 그냥 흐르지 않습니다. 시간이 그냥 흐른다면 우리는 인내할 필요가 없습니다. 하나님이 시간을 주관하십니다. 우리가 시간에 순응하는 것은 시간을 주관하시는 하나님께 순응하는 것입니다.

인내하는 사람은 인내하는 가운데 힘이 생기는 것을 경험합니다. 그래서 더욱 인내할 수 있습니다. 무엇을 하든 인내하는 사람이 승리합니다. 변화무쌍한 세상에서 우리는 조급하게 행동해서는 안 됩니다. 인내하는 힘을 길러야 합니다.

시작했다면 끝내야 합니다. 포기하고 싶다고 포기해서는 안 됩니다. 스스로 결론을 내려서는 안 됩니다. 끝내는 것은 주권자의 영역에 속합니다. 하나님이 끝이라고 하셔야 끝입니다. 하나님이 끝내시기 전에는 끝내려고 해서는 안 됩니다. 살다가 힘들면 절망할 수 있습니다. 절망한 이후가 중요합니다. 절망했다면 이제 하나님께 모든 것을 맡겨야 합니다. 하나님을 의지해야 합니다.

> 그의 영광의 힘을 따라 모든 능력으로 능하게 하시며 기쁨으로 모든 견딤과 오래 참음에 이르게 하시고 골 1:11

힘들고 어려운 때, 우리의 힘으로 이겨 내려고 해서는 안 됩니다. 우리의 힘만으로는 어려움을 이겨 낼 수 없습니다. 우리의 힘만으로는 인내할 수 없습니다. 성령이 도우셔야 우리가 인내할 수 있습니다. 오래 참음은 성령의 열매 중 하나입니다. 그러므로 성령의 도우심을 구해야 합니다. 매 순간 성령을 의지해야 합니다. 내주하시는 성령으로 말미암아 이겨 내야 합니다.

연단을 통해 더욱 견고해집니다

하나님은 우리를 인내하게 하심으로 연단하십니다. 연단을 거쳐야 소망할 수 있습니다. 그러므로 연단이 중요합니다. 연단된 사람과 그렇지 않은 사람은 다릅니다. 연단 되지 않은 사람은 주변을 힘들게 할 뿐 아니라 자신도 힘듭니다. 환난을 통해 인내하는 법을 배우고, 인내를 통해 연단 되어야 영적으로 견고해집니다. 흔들리지 않는 믿음을 갖습니다.

연단은 헬라어로 'δοκιμη(도키메)'라고 합니다. 이것은 물건을 만든 후에 검사를 거쳐 합격 인증을 받은 것을 의미합니다. 자동차는 많은 테스트를 거쳐 합격 인증을 받아야 공장에서 나올 수 있습니다. 자동차만 그런 것이 아닙니다. 모든 물건이 마찬가지입니다. 테스트를 통해 합격 인증을 받아야 소비자가 사용할 수 있습니다. 심사 과정을 거쳐야 정품이 됩니다. 믿음도 마찬가지입니다. 연단을 통해 참된 믿음의 사람이 됩니다. 하나님은 연단 받은 믿음의 사람을 사용하십니다. 연단은 속성 과정이 없습니다. 연단은 시간이 필요합니다. 여러 과정을 거쳐야 합니다. 연단의 과정을 통해 변화됩니다. 영혼이 다듬어집니다. 연단의 과정을 통해 영혼이 다듬어진 사람은 신실하고 견고한 믿음을 갖게 됩니다.

평소에는 자신의 상태를 정확하게 알 수 없습니다. 그래서 자신은 문제가 전혀 없다고 생각합니다. 그런데 환난이 찾아오면 자신의 상태를 정확하게 알 수 있습니다. 연단을 통해 자신의 실체를 발견할 수 있습니다. 그러므로 연단을 반드시 경험해야 합니다.

성경은 욥에 대해 이렇게 소개합니다.

> **우스 땅에 욥이라 불리는 사람이 있었는데 그 사람은 온전하고 정직하여 하나님을 경외하며 악에서 떠난 자더라… 이 사람은 동방 사람 중에 가장 훌륭한 자라** 욥 1:1-3b

하나님도 욥을 인정하셨습니다. 하나님은 무려 사탄을 향해 욥을 칭찬하셨습니다.

> **여호와께서 사탄에게 이르시되 네가 내 종 욥을 주의하여 보았느냐 그와 같이 온전하고 정직하여 하나님을 경외하며 악에서 떠난 자는 세상에 없느니라** 욥 1:8

그러자 사탄은 말합니다.

> **… 욥이 어찌 까닭 없이 하나님을 경외하리이까** 욥 1:9b

하나님이 욥에게 재물과 복을 아낌없이 부으시니 그 때문에 하나님을 경외하는 것 아니냐는 것입니다. 이에 하나님이 말씀하십니다.

> **여호와께서 사탄에게 이르시되 내가 그의 소유물을 다 네 손에 맡기**

노라 다만 그의 몸에는 네 손을 대지 말지니라 사탄이 곧 여호와 앞에서 물러가니라 욥 1:12

그리하여 욥에게 고난이 시작되었습니다. 욥은 고난을 통해 자신에게 있는 결함을 발견했습니다. 회개할 것을 발견했습니다. 그리고 마침내 이렇게 고백합니다.

그러나 내가 가는 길을 그가 아시나니 그가 나를 단련하신 후에는 내가 순금 같이 되어 나오리라 욥 23:10

하나님은 고난을 통해 욥을 연단하셨습니다. 욥은 인내로써 연단을 견뎌 냈습니다. 이처럼 하나님의 연단을 받은 사람은 멋집니다. 견고합니다. 어떠한 유혹에도 흔들리지 않습니다. 변함없습니다. 한결같습니다. 아름답습니다. 신뢰할 만합니다.

보라 인내하는 자를 우리가 복되다 하나니 너희가 욥의 인내를 들었고 주께서 주신 결말을 보았거니와 주는 가장 자비하시고 긍휼히 여기시는 이시니라 약 5:11

요셉의 삶을 살펴봅시다. 요셉은 살면서 시련을 많이 겪었습니다. 요셉은 어렸을 때부터 혹독한 시련을 경험했습니다. 그는 형들에 의해 애굽의 노예로 팔려 갔습니다. 보디발의 집에서 모함을 받아 억울하게 감옥에 들어갔습니다. 요셉은 잘못한 것이 없었습니다. 그럼에도 요셉에게 고난이 계속되었습니다. 이런 상황이라면 불평할 만합니다. 그러나 요셉은 불평하지 않았습니다.

> 당신들이 나를 이 곳에 팔았다고 해서 근심하지 마소서 한탄하지 마소서 하나님이 생명을 구원하시려고 나를 당신들보다 먼저 보내셨나이다 창 45:5
>
> 당신들은 나를 해하려 하였으나 하나님은 그것을 선으로 바꾸사 오늘과 같이 많은 백성의 생명을 구원하게 하시려 하셨나니 당신들은 두려워하지 마소서 내가 당신들과 당신들의 자녀를 기르리이다 하고 그들을 간곡한 말로 위로하였더라 창 50:20-21

요셉은 하나님의 주권을 믿었습니다. 요셉은 하나님이 모든 것이 합력하여 선을 이루게 하신다는 것을 알았습니다. 하나님이 결론을 맺으신다는 것을 믿어야 합니다. 마침내 승리하게 하실 하나님을 바라보아야 합니다. 이것이 믿음입니다. 믿음의 눈을 가진 사람에게는 결말이 선명하게 보입니다. 믿음의 눈으로 결말을 보는 사람이 승리합니다. 고난을 겪을 때에는 힘듭니다. 그러나 고통에는 하나님의 뜻이 있습니다. 하나님은 고난을 통해 하나님의 뜻, 하나님의 섭리를 이루십니다.

요셉은 애굽의 총리가 되었습니다. 노예의 신분으로 애굽에

온 요셉이 애굽의 총리가 된 것은 놀라운 일입니다. 그런데 요셉을 향한 하나님의 뜻은 이것이 전부가 아닙니다. 고작 애굽의 총리가 되게 하시려고 하나님이 요셉에게 고난을 겪게 하신 것은 아닙니다.

하나님은 야곱의 일가 70명을 애굽으로 오게 하시고, 그들을 통해 히브리 민족을 일으키셨습니다. 하나님은 이스라엘 민족을 통해 열방을 구원하기를 원하셨습니다. 하나님은 요셉을 사용하셔서 하나님의 계획을 이루셨습니다. 하나님은 계획을 가지고 일하셨습니다. 이처럼 하나님의 섭리와 그 뜻은 반드시 이루어집니다.

> 너희 믿음의 확실함은 불로 연단하여도 없어질 금보다 더 귀하여 예수 그리스도께서 나타나실 때에 칭찬과 영광과 존귀를 얻게 할 것이니라 벧전 1:7

불로 연단하면 없어지는 금보다 믿음이 더 귀합니다. 금보다 더 귀한 믿음은 연단을 통해 만들어집니다.

영원한 것을 소망해야 합니다

바울은 '연단은 소망을 이룬다'고 말합니다. 연단을 통해 인내함으로 갖는 소망은 확실합니다. 어떠한 상황에도 흔들리지 않습니다. 포기할 수 없습니다. 소망을 가진 사람은 현실이 힘들어도 문제 되지 않습니다. 얼마든지 이겨 낼 수 있습니다. 소망이 있기 때문입니다.

지금 무엇을 바랍니까? 소망할 만한 것을 소망합니까? 세상 사람들이 '소망'이라고 말하는 것은 모두 일시적입니다. 그래서 사람들은 쉽게 실망합니다. 소망하는 대로 이루어졌다고 해도 만족할 수 없습니다. 금방 실망하게 됩니다. 허무함을 느낍니다. 아쉬워합니다. 우리를 후회하게 하거나 실망하게 하지 않는 것이 참된 소망입니다. 우리를 실망하게 하는 것은 참된 소망이 될 수 없습니다.

기독교 변증가 C.S.루이스(C.S. Lewis)는 "영원하지 않은 것은 영원히 무용지물이다"라고 말했습니다. '내가 하고 있는 일이 영원한 것인가'를 생각하기 바랍니다. 영원이 우리의 기준이 되어야 합니다. 우리는 영원한 것을 소망해야 합니다. 영원하지 않은 것은 반드시 사라집니다. 그러므로 영원하지 않은 것을 소망하면 삶이 허무해집니다.

> 우리 주 예수 그리스도의 아버지 하나님을 찬송하리로다 그의 많으신 긍휼대로 예수 그리스도를 죽은 자 가운데서 부활하게 하심으로 말미암아 우리를 거듭나게 하사 산 소망이 있게 하시며 썩지 않고 더럽지 않고 쇠하지 아니하는 유업을 잇게 하시나니 곧 너희를 위하여

하늘에 간직하신 것이라 벧전 1:3-4

하나님이 주시는 소망이 참된 소망입니다. 이것을 베드로는 '산 소망'이라고 했습니다. 산 소망은 영원합니다. 그러므로 산 소망을 가지기 바랍니다.

우리가 주목하는 것은 보이는 것이 아니요 보이지 않는 것이니 보이는 것은 잠깐이요 보이지 않는 것은 영원함이라 고후 4:18

잠깐 있다가 사라지는 것은 소망의 대상이 될 수 없습니다. 그러므로 우리가 소망하는 것이 영원한 것인가를 확인해야 합니다.

"현 세상을 위해 최선을 다했던 그리스도인들은 내세를 생각하고 기대했다. 우리가 현실에서 무능해지는 이유는 내세에 대해 충분히 숙고하지 않기 때문이다."
"이 세상에서 채울 수 없는 갈망을 느끼는 것은 다른 세상을 위하여 창조되었기 때문이다."
_ 기독교 변증가 C.S.루이스(C.S. Lewis)

C.S.루이스가 말하는 '다른 세상'은 하나님의 나라를 가리킵니다. 이 세상에서 해결할 수 없는 갈망을 느끼는 이유가 있습니

다. 하나님이 다른 세상을 위해 우리를 창조하셨기 때문입니다. 그러므로 우리가 갈망하는 것은 하나님의 나라에서만 해결할 수 있습니다.

"죽음 자체가 두려운 것이 아니라,
죽음이 곧 끝일까 두려운 것이다."
_ 영국의 시인 T.S.엘리엇(T.S.Eliot)

사람들은 죽음을 두려워합니다. 죽으면 모든 것이 끝난다고 생각하기 때문입니다. 그런데 죽음은 끝이 아닙니다. 죽음은 새로운 시작입니다. 죽음 이후에 영원의 세계가 시작됩니다.

태초에 하나님은 사람을 영원히 살도록 창조하셨습니다. 영원을 느끼는 존재로 창조하셨습니다. 그런데 사람이 죄를 범한 이후 사람들은 눈앞의 현실만 보고 살아갑니다. 사람들은 영원을 생각하지 않습니다. 영원을 추구하지 않습니다. 육신의 정욕, 안목의 정욕, 이생의 자랑을 추구하며 삽니다. 이것이 죄로 인한 비극 중 하나입니다.

사람들은 이 세상을 전부라고 생각합니다. 만약 그게 맞다면 우리는 여기서 전쟁하듯 살아야 합니다. 날마다 살육극이 벌어질 것입니다. 약육강식, 적자생존의 세상이 될 것입니다. 우리는 이 세상을 전부라고 생각하는 사람들처럼 살아서는 안 됩니다.

그리스도인은 교회에서의 모습과 세상에서의 모습이 같아야 합니다. 신앙과 삶이 구분되어서는 안 됩니다. 우리는 세상 사람들과 근본적으로 달라야 합니다. 세상 사람들은 전투적으로 살아갑니다. 그러나 우리는 온유해야 합니다.

산상수훈에서 예수님은 하나님의 사람이 어떻게 살아야 하는가를 말씀하셨습니다. 우리는 예수님의 말씀대로 살아야 합니다. 산상수훈은 세상 사람들의 삶의 방식과 완전히 반대됩니다. 그러므로 우리는 산상수훈을 삶의 지침으로 삼아야 합니다. 산상수훈대로 사는 것은 쉽지 않습니다. 그러나 우리는 억울하지 않습니다. 이 세상이 전부가 아니기 때문입니다.

기독교의 핵심은 소망입니다. 우리가 소망하는 것은 눈에 보이지 않습니다. 우리는 이 세상에 있는 것을 소망하지 않습니다. 우리는 하나님의 나라를 소망합니다. 우리가 소망하는 하나님의 나라는 우리에게 다가오고 있습니다. 하나님의 나라는 영원합니다.

때로는 우리가 소망하는 것이 멀리 있는 것처럼 느껴집니다. 만약 우리의 바람이 즉각 이루어진다면 그건 소망이라고 말할 수 없을 것입니다. 소망에는 믿음이 필요합니다. 믿음은 우리를 멀리 보게 합니다. 멀리 보는 사람이 인내할 수 있습니다. 멀리 보는 사람이 승리합니다.

이 세상에서 살아가는 동안 실망하고 낙심할 때가 있습니다.

소망하던 것이 희미해질 때, 우리는 낙심합니다. 왜 그렇습니까? 물질주의 세상에서 살기 때문입니다. 교회 문을 열고 나가는 순간, 우리는 물질주의 세상으로 들어갑니다. 그 속에서 마귀는 우리를 끊임없이 유혹합니다. 세상에는 우리를 속이는 것이 가득합니다.

> 너희 마음의 눈을 밝히사 그의 부르심의 소망이 무엇이며 성도 안에서 그 기업의 영광의 풍성함이 무엇이며 엡 1:18

믿음이 약해지면 유혹을 받을 수밖에 없습니다. 이러한 세상에서 우리가 승리하려면 믿음으로 무장해야 합니다.

> 우리가 소망으로 구원을 얻었으매 보이는 소망이 소망이 아니니 보는 것을 누가 바라리요 만일 우리가 보지 못하는 것을 바라면 참음으로 기다릴지니라 롬 8:24-25

사도 바울은 소망으로 구원을 얻었다고 표현했습니다. 여기서 소망은 믿음에서 비롯된 것입니다. 이 소망을 가진 우리는 구원 받은 사람입니다.

> 소망이 우리를 부끄럽게 하지 아니함은 우리에게 주신 성령으로 말미암아 하나님의 사랑이 우리 마음에 부은 바 됨이니 롬 5:5

또한 사도 바울은 소망이 우리를 부끄럽게 하지 않는다고 했습니다. 그러므로 우리는 마지막 날에 부끄럽지 않을 것입니다.

소망하는 것이 있습니까? 그것이 아직 눈에 보이지 않고 멀리 있어 잡히지 않는 것 같습니까? 그렇다면 우리는 참고 기다려야 합니다. 소망이 약해져서는 안 됩니다. 우리는 다시 오실 그리스도를 사모하고 기다려야 합니다. 새 하늘과 새 땅을 바라보아야 합니다. 하나님이 만물을 새롭게 하실 것을 기대해야 합니다. 만약 이 땅에서의 삶이 전부라면 예수님의 부활은 의미가 없습니다. 그런데 예수님은 만물을 새롭게 하시고 우리로 하여금 그곳에서 영원히 살게 하시려고 부활하셨습니다. 우리는 하늘에 속한 사람입니다. 우리의 시민권은 하늘에 있습니다(엡 3:20). 우리는 하나님 나라의 사람입니다.

> 그러므로 내 사랑하는 형제들아 견실하며 흔들리지 말고 항상 주의 일에 더욱 힘쓰는 자들이 되라 이는 너희 수고가 주 안에서 헛되지 않은 줄 앎이라 고전 15:58

이 세상에서 환난과 비극을 경험할지라도, 우리의 삶은 해피엔딩(happy ending)입니다. 우리는 하나님으로 말미암아 승리할 것입니다. 하나님의 나라가 우리를 기다리고 있습니다. 그러므로 우리는 흔들리지 말고 항상 주의 일에 더욱 힘써야 합니다.

9장.
사랑이 마음에 부어지다

Victory

로마서 5:5-6

⁵ 소망이 우리를 부끄럽게 하지 아니함은 우리에게 주신 성령으로 말미암아 하나님의 사랑이 우리 마음에 부은 바 됨이니 ⁶ 우리가 아직 연약할 때에 기약대로 그리스도께서 경건하지 않은 자를 위하여 죽으셨도다

하나님의 사랑은 무조건적입니다

사도 바울은 로마서 5장 말씀을 통해 하나님의 사랑이 크다는 것과, 그 사랑이 지금도 계속되고 있다는 것을 말하고 있습니다. 5절에서 그는 "하나님의 사랑이 우리 마음에 부은 바 됨이니"라고 말했습니다. 이것은 과거부터 지금까지 하나님의 사랑이 계속해서 부어지고 있다는 의미입니다. 우리를 향한 하나님의 사랑은 끊어진 적이 없습니다.

> 우리가 아직 연약할 때에 기약대로 그리스도께서 경건하지 않은 자를 위하여 죽으셨도다 롬 5:6

하나님의 사랑은 예수님의 십자가를 통해 절정을 이루었습니다. 우리가 아직 연약할 때, 즉 사람이 죄에 대해 무력할 때, 예수님이 우리를 위해 죽으셨습니다. 하나님의 사랑을 받을 만한 이유가 전혀 없음에도, 경건하지 않음에도 예수님이 그런 우리를 위해 십자가에 못 박혀 죽으셨습니다. 이것은 세상에서 경험할 수 없는 사랑입니다. 하나님은 지금도 계속해서 우리를 사랑하십니다. 그리고 하나님이 우리에게 약속하신 소망은 분명하고 확실합니다.

세상 사람들은 사랑할 만한 사람을 사랑합니다. 세상 사람들의 사랑에는 조건이 있습니다. 사랑이 어려운 이유는 사랑의 조건 때문입니다. 사람들은 조건이 충족되지 않으면 사랑하지 않습니다. 그리고 그 조건은 수시로 달라집니다. 사람들은 사랑의 조건 때문에 상처를 받습니다. 누군가 내거는 사랑의 조건을 충족시켜 사랑을 받으려고 노력합니다.

하나님의 사랑은 사람의 사랑과 다릅니다. 사랑받을 만한 조건을 전혀 갖추지 않아도 하나님은 사랑하십니다. 하나님의 사랑은 무조건적이고 일방적입니다. 이것은 세상에서는 경험할 수 없는 사랑입니다.

> 우리가 아직 죄인 되었을 때에 그리스도께서 우리를 위하여 죽으심으로 하나님께서 우리에 대한 자기의 사랑을 확증하셨느니라 롬 5:8

우리는 하나님의 사랑을 받을 만한 이유가 전혀 없습니다. 그런데도 예수님은 우리를 위해 죽으심으로 우리를 향한 사랑을 확증하셨습니다. 우리가 아직 죄인 되었을 때, 즉 사랑받을 만한 상태가 아님에도 하나님은 우리를 사랑하셨습니다. 사랑받을 만한 이유가 전혀 없음에도 하나님은 우리를 사랑하셨습니다. 하나님은 우리를 사랑하심으로 사랑에 대한 하나님의 의지를 강력하게 드러내셨습니다. 여기서 우리는 하나님의 의지, 하나님의 열심을 발견합니다. 우리의 열심으로는 구원받을 수 없습니다.

우리가 사랑함은 그가 먼저 우리를 사랑하셨음이라 요일 4:19

우리가 하나님을 사랑한 것이 아닙니다. 하나님이 우리를 먼저 사랑하셨습니다. 그러므로 하나님의 사랑은 위대합니다. 우리는 죄인입니다. 죄인은 자신만 사랑합니다. 자기애는 무서운 것입니다. 자기애가 심하면 상대방을 죽입니다. 사람들은 자기중심적입니다. 우리는 예수님을 십자가에 못 박았습니다. 그러므로 우리는 죄인입니다. 우리는 사랑받을 만한 이유가 전혀 없습니다. 우리는 지은 죄로 말미암아 심판을 받아야 마땅합니다. 그런데 예수님이 우리 대신 십자가에 못 박혀 죽으셨습니다. 하나님은 예수님을 우리 대신 십자가에 죽게 하심으로 하나님의 사랑을 우리에게 보여 주셨습니다.

곧 우리가 원수 되었을 때에 그의 아들의 죽으심으로 말미암아 하나님과 화목하게 되었은즉 화목하게 된 자로서는 더욱 그의 살아나심으로 말미암아 구원을 받을 것이니라 롬 5:10

이 말씀에 따르면 원래 우리는 하나님과 원수였습니다. 인간은 하나님께 거칠게 대들고 반역했습니다. 하나님은 그런 우리를 오히려 품어 주셨습니다. 우리가 하나님과 원수 되었을 때, 하나님의 아들이 우리를 위해 죽으심으로 하나님과 우리가 화목하게 되었습니다. 이것은 놀라운 사랑입니다.

우리가 연약할 때, 우리가 죄인 되었을 때, 우리가 원수 되었을 때 하나님은 우리를 사랑하셨습니다. 이것은 이해하기 어렵습니다. 세상에 이런 사랑이 어디 있겠습니까? 그래서 우리는 하나님의 사랑을 느끼지 못합니다.

아주 큰 것은 눈에 보이지 않습니다. 체감이 잘 안 됩니다. 우리를 향한 하나님의 사랑이 그렇습니다. 그 사랑이 매우 커서 우리는 느끼지 못합니다. 그러나 하나님의 사랑은 매우 확실합니다. 하나님의 사랑은 추상적이지 않습니다.

이것이 우리를 향한 하나님의 사랑입니다. 하나님은 사랑에 대한 대가를 지불하셨습니다. 하나님의 아들 예수님의 죽음이 그 대가입니다. 하나님의 사랑은 십자가에서 구체적으로 드러났습니다.

> 소망이 우리를 부끄럽게 하지 아니함은 우리에게 주신 성령으로 말미암아 하나님의 사랑이 우리 마음에 부은 바 됨이니 롬 5:5

사도 바울은 하나님이 우리 마음에 사랑을 부으셨다고 했습니다. 사도 바울의 표현이 멋집니다. 폭우가 쏟아지면 온몸이 흠뻑 젖습니다. 이와 마찬가지로 하나님은 우리의 마음에 사랑을 쏟아부으셨습니다. 하나님은 우리가 하나님의 사랑을 깊이 경험할 수 있도록 사랑을 부으셨습니다. 그러므로 하나님의 사랑을 경험한 사람은 그 사랑을 부인할 수 없습니다. 거기다 하나님은 예수님의 십자가 사건으로 사랑을 확증하셨습니다. 그러므로 우리는 하나님이 우리를 사랑하신 것을 부인할 수 없습니다.

　십자가 사건을 제대로 알면 우리는 하나님의 사랑을 부정하지 못합니다. 하나님의 아들이신 예수님이 인간의 몸을 입고 이 세상에 오셨습니다. 예수님은 완전한 사람이요 완전한 하나님으로 이 세상에 오셨습니다. 그런데 인간에게 외면당하고 찢겨진 채 십자가에 못 박히셨습니다. 우리를 사랑하셨기 때문입니다. 예수님은 우리를 사랑하셔서 우리를 위해 자신의 목숨을 내어놓으셨습니다.

　하나님의 사랑은 매우 큽니다. 사람의 지식으로는 하나님의 사랑을 알 수 없습니다. 성령이 우리를 도우셔서 우리에게 하나님의 사랑을 알게 하십니다. 그러므로 우리는 성령으로 말미암아 하나님의 사랑을 알 수 있습니다.

하나님 사랑을 경험하면 삶이 달라집니다

> 능히 모든 성도와 함께 지식에 넘치는 그리스도의 사랑을 알고 그 너비와 길이와 높이와 깊이가 어떠함을 깨달아 하나님의 모든 충만하신 것으로 너희에게 충만하게 하시기를 구하노라 엡 3:18-19

이것은 사도 바울의 기도입니다. 사도 바울은 에베소교회의 성도들이 하나님의 사랑을 깨닫기를 갈망하며 기도했습니다.

우리는 부모의 사랑을 다 알지 못한 채 살아갑니다. 마찬가지로 우리의 지식으로는 하나님의 사랑을 알 수 없습니다. 성령의 도움으로 말미암아 하나님을 알 수 있습니다. 성령이 우리를 사로잡으시면 우리는 성령으로 말미암아 하나님의 사랑을 경험할 수 있습니다. 이것은 세상 사람들은 경험할 수 없는 것입니다.

하나님의 사랑은 최고의 사랑입니다. 하나님의 사랑을 온몸으로 경험할 때 전율하지 않을 수 없습니다. 하나님의 사랑에 집중할 수밖에 없습니다. 하나님의 사랑은 우리 삶을 변화시킵니다. 하나님의 사랑을 얼마나 경험했는가에 따라 삶이 달라집니다. 하나님의 사랑을 깊이 경험한 사람은 그 사랑으로 인해 살아갑니다.

하나님의 사랑을 경험하기 전에는 방황합니다. 그러나 하나님의 사랑은 우리를 바꾸어 놓습니다. 하나님의 사랑을 경험한 사람은 세상 사람들과 전혀 다른 삶을 살게 됩니다. 하나님을 위해 헌신하게 됩니다. 하나님의 사랑이 우리를 압도하기 때문에 헌신하지 않을 수 없습니다. 하나님을 위해 살 수밖에 없습니다.

사랑하면 관계가 친밀해집니다. 하나님은 우리와 관계가 친밀해지고, 나아가 깊어지기를 원하십니다. 그러므로 우리는 하나님과 거리를 두어서는 안 됩니다.

하나님과 우리보다 가까운 관계는 없습니다. 하나님의 사랑을 경험한 사람은 기도할 때에 하나님께 친밀함을 느낍니다. 하나님과 친밀한 사람은 그분 앞에서 자신의 부끄러운 모습을 가리지 않습니다. 자신의 연약한 모습을 숨기지 않습니다. 자신의 갈망을 모두 드러냅니다. 비밀도 털어놓습니다. 기도는 하나님과의 밀애입니다. 기도를 통해 하나님과 사랑을 나누어야 합니다. 기도를 통해 하나님과의 관계가 깊어집니다. 기도를 통해 하나님과 연합할 수 있습니다. 하나님과 친밀해집니다. 하나님의 임재를 경험합니다.

교회에서 봉사하는 것도 좋지만 그보다 먼저 하나님의 사랑을 경험하는 것이 중요합니다. 복음을 깊이 경험하는 것이 중요합니다. 하나님의 사랑과 복음을 경험하기 전에 먼저 교회를 경험하려고 해서는 안 됩니다. 교회에서 봉사하고 사람들과 교제하는 것은 교회를 경험하는 것이지 하나님을 경험하는 것은 아닙니다. 하나님의 사랑을 깊이 경험하지 않은 채 봉사하는 것은 자신의 힘으로 하는 것입니다. 그러므로 하나님의 사랑을 깊이 경험하지 않은 사람은 온전히 헌신할 수 없습니다. 자신의 힘으로 하는 사람은 자신이 봉사하는 것을 자기 의로 여깁니다. 자랑으로 여깁니다. 그러다가 어려움이 생기면 낙심합니다.

하나님의 사랑을 깊이 경험하는 것으로부터 신앙생활을 시작해야 합니다. 먼저 하나님과 일대일로 만나야 합니다. 하나님이 나를 사랑하시는 것, 예수님이 나를 위해 십자가에 못 박혀 죽으신 것을 깊이 경험해야 합니다.

> 자기 아들을 아끼지 아니하시고 우리 모든 사람을 위하여 내주신 이가 어찌 그 아들과 함께 모든 것을 우리에게 주시지 아니하겠느냐
> 롬 8:32

하나님의 사랑을 경험하면 처음에는 두렵습니다. '내가 이런 사랑을 받을 만한 존재인가'라고 생각하게 됩니다. 그러나 시간이 지나면 '내가 이런 사랑을 받다니'라고 생각하게 됩니다. 하나님의 사랑을 부인할 수 없습니다. 성령은 하나님의 사랑이 놀라운 것임을 우리에게 알게 합니다.

> 누가 우리를 그리스도의 사랑에서 끊으리요 환난이나 곤고나 박해나 기근이나 적신이나 위험이나 칼이랴 기록된 바 우리가 종일 주를 위하여 죽임을 당하게 되며 도살 당할 양 같이 여김을 받았나이다 함과 같으니라 그러나 이 모든 일에 우리를 사랑하시는 이로 말미암아 우

리가 넉넉히 이기느니라 내가 확신하노니 사망이나 생명이나 천사들이나 권세자들이나 현재 일이나 장래 일이나 능력이나 높음이나 깊음이나 다른 어떤 피조물이라도 우리를 우리 주 그리스도 예수 안에 있는 하나님의 사랑에서 끊을 수 없으리라 롬 8:35-39

하나님의 사랑으로 말미암아 우리는 환난 중에도 기뻐할 수 있습니다. 그러므로 하나님의 사랑을 경험한 사람은 그 사랑을 만끽해야 합니다. 그 사랑을 누리며 살아야 합니다.

믿음으로 사는 것은 쉽지 않습니다. 유혹을 이기기 어렵습니다. 핍박을 견디기 어렵습니다. 어려움을 겪을 때마다 마음이 힘듭니다. 좌절하고 절망합니다. 영적으로 침체합니다. 마치 어두운 밤을 지나는 듯합니다. 그때 하나님의 사랑을 확인하기 바랍니다.

믿음으로 사는 사람도 실패할 수 있습니다. 우리가 실패했을 때에도 하나님은 우리를 버리지 않으십니다. 우리가 연약할 때에도, 우리가 죄인 되었을 때에도, 우리가 하나님과 원수 되었을 때에도 하나님은 우리를 변함없이 사랑하셨습니다. 하나님은 어떠한 상황에도 우리를 포기하지 않으십니다. 이러한 하나님의 사랑을 누리기 바랍니다. 하나님의 사랑을 묵상하기 바랍니다.

외로울 때, 억울할 때, 배신과 오해를 경험했을 때, 낙심했을 때, 실패했을 때 십자가를 묵상하기 바랍니다. 다른 것을 의지하지 마십시오. 사람을 의지하지 마십시오. 하나님 외에 다른 곳에서는 참된 사랑을 경험할 수 없습니다. 하나님의 사랑만 완벽합니다. 그러므로 언제나 하나님만 바라보기 바랍니다.

사랑받으면 사랑합니다

하나님의 사랑을 경험한 사람은 자신이 받은 사랑을 흘려보내야 합니다. 사랑을 경험한 사람은 사랑할 수 있습니다. 그러므로 자신이 받은 사랑을 나누어야 합니다. 하나님의 사랑을 경험한 신자만이 사랑을 나눌 수 있습니다.

상처 주는 사람, 힘들게 하는 사람이 있어도 미워하지 마십시오. 오히려 긍휼히 여기기 바랍니다. 우리는 받은 사랑을 그들에게 흘려보내야 합니다. 사랑을 받은 사람이 흘려보낼 수 있습니다.

우리는 특별한 사랑을 경험한 사람입니다. 우리가 경험한 사랑은 완벽한 사랑입니다. 이보다 더 큰 사랑은 없습니다. 그러므로 우리는 세상 사람들과 달라야 합니다. 마음이 넓어야 합니다. 원수를 사랑해야 합니다. 원수를 불쌍히 여기고 그들을 위해 기도해야 합니다.

자녀들을 사랑하기 바랍니다. 이웃에게 사랑을 베풀기 바랍니다. 공동체 속에서 사랑을 나누기 바랍니다. 우리는 죄인을 사랑하신 하나님을 본받아 모든 사람을 사랑해야 합니다. 우리는 세상 사람들에게 하나님의 사랑을 알게 해야 합니다. 우리를 통해 세상 사람들이 하나님의 사랑을 경험해야 합니다. 이것이 하나님의 사랑을 경험한 사람의 의무입니다.

세상은 악합니다. 그 속에서 신자로 사는 것은 쉽지 않습니다. 세상에서 믿음으로 살아가는 우리에게 무슨 일이 일어날지 알 수 없습니다. 그러나 우리는 성령으로 말미암아 하나님의 사랑을 경험했습니다. 하나님의 사랑은 참된 사랑입니다. 그러므로 모든 일에 우리를 사랑하시는 이로 말미암아 우리는 이 세상 속에서 넉넉히 이길 것입니다.

우리는 좁은 길을 걸을지라도 하나님의 사랑으로 인해 기뻐할 수 있습니다. 환난 중에도 즐거워할 수 있습니다. 장차 우리에게 주어질 영광을 기대하며 즐거워할 수 있습니다. 그러므로 하나님의 사랑으로 충분합니다. 하나님은 지금도 우리에게 사랑을 부어 주십니다.

PART 3

승리

10장.
광야의 시험에서 승리하라

―――――――――――――――――――――――― *Victory*

마태복음 4:1-2

¹ 그때에 예수께서 성령에게 이끌리어 마귀에게 시험을 받으러 광야로 가사 ² 사십 일을 밤낮으로 금식하신 후에 주리신지라

광야에서 삶의 목적을 알게 됩니다

살면서 여러 번 실패한 사람들에게는 패배 의식이 있습니다. 이런 사람은 자신은 무엇을 하든 실패할 수밖에 없다고 생각합니다. 실패를 당연하게 생각합니다. 그래서 어떤 일에도 의욕이 없습니다.

물론 아무 근거도 없이 승리를 기대하는 것은 옳지 않습니다. 승리할 것이라고 막연하게 바라는 것은 위험합니다. 쉬운 승리는 없습니다. 저절로 되는 일도 없습니다. 치열하게 싸워야 승리할 수 있습니다.

그리스도인은 세상에서 승리해야 합니다. 그러므로 우리는 '그리스도인이 어떻게 하면 승리할 수 있을까'를 생각해야 합니다. 예수님은 모든 시험에서 승리하셨습니다. 그러므로 예수님을 통해 우리는 승리하는 법을 배워야 합니다. 예수님의 승리가 우리의 승리가 되어야 합니다.

그때에 예수께서 성령에게 이끌리어 마귀에게 시험을 받으러 광야로 가사 마 4:1

예수님은 광야에서 마귀에게 시험을 받으셨습니다. 성경에서 광야는 중요한 의미가 있습니다. 광야는 우리가 사는 세상을 의미합니다. 아담과 하와는 죄를 범한 이후 에덴동산에서 쫓겨나 광야에서 살았습니다. 광야는 에덴동산과 대조되는 곳입니다. 에덴동산은 풍요로운 땅을 의미합니다. 그곳에는 생명수가 흘러 넘쳤습니다. 그러나 광야는 결핍의 땅을 의미합니다. 광야는 메마른 곳입니다. 불모지입니다. 광야에는 물도, 생명도 없습니다.

이스라엘 백성은 홍해를 건너 출애굽한 후 광야에 이르렀습니다. 출애굽한 이스라엘 백성에게 광야는 구원을 의미합니다. 이스라엘 백성이 경험한 광야는 척박한 땅이었습니다. 이스라엘 백성은 광야에서 만나와 메추라기로 먹이시는 하나님, 불 기둥과 구름 기둥으로 인도하시는 하나님을 경험했습니다.

> 네 하나님 여호와께서 이 사십 년 동안에 네게 광야 길을 걷게 하신 것을 기억하라 이는 너를 낮추시며 너를 시험하사 네 마음이 어떠한지 그 명령을 지키는지 지키지 않는지 알려 하심이라 너를 낮추시며 너를 주리게 하시며 또 너도 알지 못하며 네 조상들도 알지 못하던 만나를 네게 먹이신 것은 사람이 떡으로만 사는 것이 아니요 여호와의 입에서 나오는 모든 말씀으로 사는 줄을 네가 알게 하려 하심이니라
> 신 8:2-3

하나님이 이스라엘을 하나님의 백성으로 훈련하시기 위해 광

야를 경험하게 하셨습니다. 그러나 그들은 광야에서 실패했습니다. 광야에서만 실패한 것이 아닙니다. 가나안 땅에 들어간 후에 이어진 사사시대 때 그들은 자기들의 소견대로 행했습니다. 왕정 시대에도 여전히 불순종했습니다. 그리하여 이스라엘은 이방 나라 바벨론의 포로가 되었습니다.

예수님은 광야에 가실 이유가 없으셨습니다. 그런데 예수님은 성령에게 이끌리어 광야로 가셨습니다. 성령이 예수님을 광야로 몰아내셨습니다(막 1:12). 예수님은 우리 대신 광야에서 마귀의 시험을 받으셨고 이기셨습니다. 이스라엘 백성들은 광야에서 실패했지만 예수님은 승리하셨습니다. 그리고 하나님의 나라를 세우셨습니다.

여기서 우리는 두 가지를 생각해 보아야 합니다. '이스라엘 백성들이 광야에서 왜 실패했는가?', 그리고 '예수님은 광야에서 어떻게 승리하셨는가?'입니다.

예수님은 하나님의 아들이십니다. 예수님은 공생애를 시작하시기 전 40일을 밤낮으로 금식하며 기도로 무장하셨습니다. 그 후, 마귀는 예수님을 세 번 시험했습니다. 광야에서 예수님이 처음 받으신 시험은 소명에 대한 것이었습니다. 이 세상에 오신 목적에 대한 시험이었습니다. 예수님은 십자가를 지심으로 인류를 구원하기 위해 이 세상에 오셨습니다. 그런데 마귀는 예수님이 이 세상에 오신 목적을 망각하게 하려고 시험했습니다.

이스라엘 백성들은 광야에서의 시험을 통과해야 가나안 땅에 들어갈 수 있었습니다. 그런데 그들은 하나님이 왜 자신들을 광야로 인도하셨는지 그 목적을 몰랐습니다. 자신들이 누구인지 망각했습니다. 이스라엘 백성들은 자신들이 하나님의 백성이라는 것을 잊었습니다. 결국 그들은 광야에서 실패했습니다. 그들은 여호수아와 갈렙 외에는 하나님이 약속하신 가나안 땅에 들어가지 못하고 광야에서 죽었습니다.

　예수님의 시험을 통해 마귀가 우리도 얼마든지 시험할 수 있다는 것을 알 수 있습니다. 그리고 우리가 이스라엘처럼 그 시험을 이기지 못하면 마귀의 도구가 될 수 있다는 것을 기억해야 합니다.

　광야는 시험의 장소입니다. 우리는 이 세상에 사는 동안 시험을 계속 경험합니다. 일평생 마귀와 싸워야 합니다. 광야와 같은 세상에서 사는 동안 시험이 없기를 바라면 안 됩니다. 시험을 경험하는 것을 당연하게 생각해야 합니다. 시험은 어렵습니다. 만만하게 생각할 수 없습니다. 시험을 이긴 사람은 대수롭지 않게 생각할 수 있습니다. 그러나 시험을 이기지 못한 사람은 그만큼 대가를 치릅니다. 시험을 이기지 못하면 하나님의 자녀가 누리는 영적 특권을 누리지 못합니다. 그러므로 하나님의 자녀는 시험을 반드시 이겨야 합니다.

　이스라엘 백성들은 광야로 나오기 전 홍해를 건너 출애굽했습니다. 그들은 구원받았습니다. 기적을 경험했습니다. 그런데 그들은 구원받은 자가 경험하는 영적 특권을 누리지 못했습니다. 홍해를 건너 출애굽한 것에서 만족해서는 안 됩니다. 그것은 시작에 불과합니다. 하나님은 이스라엘 백성들을 통해 세상을 구원하시려고 출애굽하게 하셨습니다. 이스라엘 백성들을 향한 하나님의 구원 계획이 중요했습니다. 그런데 이스라엘 백성들은 자신들이 누구인가를 잊었습니다. 하나님이 왜 그들을 출애굽하게 하셨는가를 몰랐습니다. 하나님이 왜 홍해를 가르시는 기적을 행하셨는지 몰랐습니다. 그래서 우상을 만들며 엉뚱한 짓을 했습니다.

하나님이 왜 나를 이 세상에 태어나게 하셨는지 알아야 합니다. 하나님이 왜 나를 구원하셨는지 알아야 합니다. 그걸 알아야 내 인생의 목적을 알 수 있습니다. 인생의 목적을 알지 못하는 사람은 단지 자신의 만족을 위해 살아갑니다. 내가 무엇을 하는가보다 중요한 것은 내가 누구인가를 아는 것입니다. 그러므로 하나님이 왜 나를 구원하셨는가를 잊어서는 안 됩니다.

하나님의 아들 예수님이 사람의 몸으로 이 세상에 오셔서 우리를 구원하시기 위해 십자가에 못 박혀 죽으신 사건의 의미를 우리는 기억해야 합니다. 우리는 우리가 하나님의 구원 받은 사람인 것을 잊어서는 안 됩니다. 구원받은 사람은 신자답게 살아야 합니다. 하나님의 구원을 받은 사람답게 살아야 합니다.

구원받은 자는 불평하지 않습니다

이스라엘 백성들은 광야에서 우상을 만들었습니다. 왜 그랬습니까? 하나님만으로 만족할 수 없었기 때문입니다. 그리고 이스라엘 백성들은 모세를 원망하고 불평했습니다. 그들은 홍해를 건넜습니다. 그렇다면 달라져야 하는데, 여전히 원망하고 불평했습니다. 이스라엘 백성들은 자신들에게 주어진 것의 의미를 알지 못했습니다.

사탄의 시험을 이기지 못하고 실패한 결과는 처참합니다. 시험을 이기지 못하면 그 후에는 사탄의 지배를 받습니다. 죄를 짓기 전 사탄의 유혹을 받을 때는 문제가 없습니다. 그러나 시험을 이기지 못하고 죄를 짓게 되면, 그 후로는 예상하지 못한 결과를 경험하게 됩니다.

신자는 죄를 가볍게 여겨서는 안 됩니다. 죄를 어떻게 여기는가가 매우 중요합니다. 우리는 구원받은 것으로 만족해서는 안 됩니다. 구원받은 사람은 구원받은 사람답게 살아야 합니다. 원망하고 불평하는 것은 옛사람의 본성에서 비롯된 것입니다. 이스라엘 백성들이 홍해를 가르셔서 출애굽하게 하신 하나님께 원망하고 불평하는 것은 하나님이 허락하신 것을 거부하는 일입니다. 하나님께 반역하는 것입니다. 거듭난 사람은 불평하지 않습니다. 하나님께 감사합니다. 하나님께 감사하는 것은 거듭난 사람의 본성에서 비롯된 것입니다. 우리는 믿음생활을 하면서 받아들이는 것을 훈련해야 합니다. 자신에게 주어진 것을 받아들여야 합니다. 하나님이 우리를 광야로 이끄시면 광야 생활을 받아들여야 합니다.

살면서 광야를 경험할 때가 있습니다. 우리가 광야에서 훈련해야 할 것이 있기 때문에 하나님이 우리에게 광야를 경험하게 하십니다. 믿음생활을 한다고 모든 것이 잘되는 것은 아닙니다. 믿음생활을 열심히 하지만 우리가 마음먹은 대로 되지 않을 때가 있습니다. 그렇다고 원망하고 불평하는 것은 출애굽한 이스라엘 백성들이 애굽으로 돌아가자고 원망하고 불평한 것과 다를 바 없습니다. 광야 생활이 힘들어도 긍정적으로 받아들여야 합니다.

그들에게 일어난 이런 일은 본보기가 되고 또한 말세를 만난 우리를 깨우치기 위하여 기록되었느니라 고전 10:11

우리도 이스라엘 백성들처럼 실패할 수 있습니다. 그들의 실패를 성경에 기록한 이유는 우리를 깨우치기 위해서입니다. 그러므로 이스라엘 백성의 실패가 나와는 무관하다고 생각해서는 안 됩니다.

그런즉 선 줄로 생각하는 자는 넘어질까 조심하라 고전 10:12

시험 앞에서 우리는 겸손해야 합니다. 시험에 실패하는 사람들을 비판하거나 정죄해서는 안 됩니다. 우리도 얼마든지 실패할 수 있습니다. 그러므로 나의 신앙을 항상 점검해야 합니다. 하나님 앞에 엎드려야 합니다.

다른 사람을 판단하는 사람은 내가 누구인지 모르기 때문에 그러는 것입니다. 내가 어떠한 사람인가를 아는 사람, 연약하다는 것을 아는 사람은 다른 사람을 판단할 수 없습니다. 그러므로 다른 사람이 넘어지는 것을 보며 우리는 정신을 차려야 합니다.

우리는 특별하지 않습니다. 한순간에 넘어질 수 있습니다. 지금까지 살아오면서 사탄의 시험으로 넘어졌던 때를 생각해 보십시오. 사탄의 시험인 줄도 몰랐습니다. 누구나 실패할 수 있습니다. 실패를 통해 배워야 합니다. 그런 사람은 성장합니다. 그러므로 우리는 영적으로 깨어 있어야 합니다. 깨어 있지 않으면 삶이 망가져도 깨닫지 못합니다.

세상에는 수많은 시험이 있습니다. 그런데 똑같은 시험이 없습니다. 사람마다, 신앙의 연륜에 따라 경험하는 시험이 다릅니다. 우리가 이 세상에서 사는 동안 시험은 끊임없이 계속됩니다. 시험이 끝나는 날은 없습니다. 시험은 우리를 힘들게 합니다.

광야는 시험의 장소입니다. 광야는 위험합니다. 광야에는 길이 없습니다. 예상하지 못한 일을 얼마든지 경험합니다. 세상도 마찬가지입니다. 광야와 같은 세상에는 우리의 마음을 자극하는 것이 매우 많습니다. 정욕을 부추기는 것이 많습니다. 이 세상에서 경험하는 시험은 육신의 정욕, 안목의 정욕, 이생의 자랑을 자극합니다. 그러므로 우리는 영적으로 무장되어 있어야 합니다.

광야에서 누구와 있느냐가 중요합니다

사람들은 광야를 경험하지 않으려고 합니다. 광야에서 사는 것을 원하지 않습니다. 하나님 없이 자신이 원하는 대로, 본능을 따라 살기 원합니다. 그런데 하나님은 우리를 광야와 같은 세상으로 보내셔서 하나님만 의지하며 살도록 훈련하십니다.

이 세상은 우리가 믿음으로 살기에는 불편합니다. 믿음으로 사는 사람에게 알맞지 않습니다. 그러나 하나님은 믿음으로 살기에 불편한 세상 속에서 우리를 훈련하십니다. 그러므로 이 세상에서 사는 동안 우리는 하나님이 허락하시는 것들을 믿음으로 받아들여야 합니다.

광야는 도시와 반대됩니다. 도시는 요란하고 복잡합니다. 사람을 유혹하는 것이 많습니다. 사람의 시선을 끄는 것이 많습니다. 그러므로 광야에서 살려면 삶이 단순해야 합니다. 단순하게 생각하고 사는 법을 익혀야 합니다. 그러려면 필요없는 것은 제거해야 합니다. 삶이 왜 복잡합니까? 욕망 때문입니다. 충동을 이기지 못하기 때문입니다. 눈에 보이는 것을 따르다 보면 삶이 산만해집니다. 삶이 피곤합니다. 집중력이 없습니다. 내면이 혼란해집니다. 날마다 갈등합니다. 자신이 누구인지를 알지 못하는 사람은 삶이 복잡할 수밖에 없습니다. 그러나 신자는 삶이 단순해야 합니다. 신자는 오직 예수님만 바라보아야 합니다. 예수님을 주목하지 않으면 세상에 마음을 빼앗길 수 있습니다. 자신의 존재 이유를 깨달은 사람은 삶이 단순합니다. 오직 예수님만 바라보는 것이 어렵지 않습니다.

이스라엘 백성들은 광야에 있는 것을 싫어했습니다. 그들에게 광야는 실패의 장소였습니다. 그러나 예수님은 광야에서 마귀의 시험을 이기심으로 승리의 장소가 되게 하셨습니다. 이스라엘 백성들은 광야에서 만나와 메추라기를 먹었습니다. 반석에서 나오는 물도 마셨습니다. 그럼에도 이스라엘 백성들은 광야에서 실패했습니다. 예수님은 광야에서 금식하셨습니다. 그러나 예수님은 마귀의 시험을 말씀으로 이기셨습니다.

어디에 있는가는 중요하지 않습니다. 누구와 함께 있는가가 중요합니다. 광야에 있어도 하나님이 함께하시면 얼마든지 살 수 있습니다. 그러니 우리는 하나님과 함께하는 법을 배워야 합니다. 광야는 불편하고 위험한 곳입니다. 그러나 하나님이 함께 계시면 전혀 위험하지 않습니다. 가나안 땅에 있어도 하나님이 함께하시지 않으면 광야에서 하나님과 함께 있는 것보다 행복하지 않습니다. 그러므로 하나님과 함께하는 것이 복입니다.

광야에는 하나님이 계시지 않다고 생각하는 사람이 있습니다. 그래서 광야에 있으면서 하나님이 나를 버리셨다고 생각합니다. 그렇지 않습니다. 하나님은 하나님의 백성들과 늘 함께하십니다. 하나님은 광야에 있는 이스라엘 백성들과 함께하셨습니다. 예수님은 만나와 메추라기로 이스라엘 백성들을 먹이셨습니다. 반석에서 물이 나오게 하셔서 그들에게 마시게 하셨습니다. 불 기둥과 구름 기둥으로 그들을 보호하셨습니다.

눈에 보이는 풍요가 우리의 삶을 복되게 하는 것이 아닙니다. 하나님과 함께하는 삶이 우리의 삶을 복되게 합니다. 광야에 있어도 하나님과 함께하는 사람은 얼마든지 감사하며 삽니다. 그러므로 하나님과 친밀한 관계를 맺고 사는 것이 매우 중요합니다.

광야에서는 하나님의 음성을 들어야 합니다

네가 만일 하나님의 아들이어든 명하여 이 돌들로 떡덩이가 되게 하라 마 4:3b

마귀는 하나님의 아들이라는 예수님의 정체성을 혼란하게 하려고 예수님께 "네가 만일 하나님의 아들이어든"이라고 말했습니다.

우리는 광야에서 내가 누구인가를 깨닫습니다. 광야에는 아무것도 없습니다. 그럼에도 우리가 광야를 경험해야 하는 것은 그곳에서 하나님께 속한 자로 사는 것을 훈련할 수 있기 때문입니다. 우리는 하나님이 나의 하나님이신 것과 내가 그분의 백성인 것을 잊지 말아야 합니다. 하나님과 나의 관계를 늘 기억해야 합니다.

하나님은 이스라엘 백성들이 하나님의 백성인 것을 기억하기 원하셨습니다. 그래서 그들이 광야에 있을 때 하늘에서 만나와 메추라기를 내려 주셨습니다. 광야에서 만나와 메추라기를 경험하는 것은 중요하지 않습니다. 이스라엘 백성들은 광야에서 만나와 메추라기를 먹었지만 자신이 하나님의 백성인 것을 잊었습니다.

하늘에서 내리는 만나와 메추라기를 먹으며 '나는 만나와 메추라기 없이 살 수 없구나'라고 생각해서는 안 됩니다. '나는 하나님 없이 살 수 없구나'라고 생각해야 합니다. 하나님을 잊어서는 안 됩니다. 내가 누구인가를 깨달아야 합니다. 하나님으로 인해 사는 것을 기억해야 합니다.

하나님이 우리를 살게 하십니다. 우리를 책임지십니다. 그러므로 우리는 하나님을 떠나서는 아무것도 아닙니다. 그런데 이스라엘 백성들은 이것을 전혀 깨닫지 못했습니다. 이스라엘 백성들은 만나와 메추라기를 먹었지만 광야에서 죽었습니다. 우리는 우리가 누구인가를 알아야 합니다. 우리는 하나님과 분리될 수 없습니다. 하나님을 떠나면 우리는 아무것도 아닙니다. 우리가 가진 것으로 살 수 없습니다. 우리는 우리가 가지고 있는 것을 의지해서는 안 됩니다. 오직 하나님만 의지해야 합니다.

광야에서는 의지할 것, 붙들 것이 아무것도 없습니다. 그러므로 광야에서는 오직 하나님만 주목해야 합니다. 광야에 있을 때 우리는 우리가 누구인가를 깨닫습니다. 광야는 단절된 곳입니다. 광야에 있는 시간은 격리되는 시간입니다. 격리되는 것은 힘듭니다. 홀로 있는 것은 고통스럽습니다. 그러나 광야에 있는 동안 우리는 하나님을 만나야 합니다. 격리되어 있는 시간을 통해 하나님께 집중해야 합니다. 오직 하나님만 주목해야 합니다.

살면서 광야에 있는 듯할 때가 있습니다. 실패, 파산, 이별 등으로 인해 인생의 어두운 때를 경험할 때가 있습니다. 모든 것이 생각하는 대로 되지 않을 때, 마치 이 세상에 홀로 있는 듯할 때가 있습니다. 이러한 때 사람들은 자신이 광야에 있다고 생각합니다. 광야로 내몰린 듯할 때 우리는 오직 하나님만 바라보아야 합니다. 광야에서는 오직 한 분 하나님만 주목해야 합니다.

모세와 세례요한은 광야에서 하나님의 음성을 들었습니다. 예수님도 광야에서 하나님의 음성을 들으셨습니다. 우리는 광야에서 하나님의 음성을 선명하게 들어야 합니다. 성도는 광야에서 하나님의 음성을 듣는 것에 능숙해야 합니다. 광야를 무조건 벗어나려고 해서는 안 됩니다.

오늘날 세상이 왜 이렇게 혼란합니까? 듣지 않아도 되는 소음이 많기 때문입니다. 소음이 많아서 하늘의 음성을 듣지 못합니다. 현대인들은 소음에 시달립니다. 그 결과 정신적 안정을 경험하지 못합니다. 하나님의 음성을 듣지 못하면 세상에서 들리는 소음에 시달립니다.

> 예수께서 세례를 받으시고 곧 물에서 올라오실새 하늘이 열리고 하나님의 성령이 비둘기 같이 내려 자기 위에 임하심을 보시더니 하늘로부터 소리가 있어 말씀하시되 이는 내 사랑하는 아들이요 내 기뻐하는 자라 하시니라 마 3:16-17

예수님은 공생애를 시작하시기 전, 요단 강에서 세례 요한에게 세례를 받으셨습니다. 예수님이 세례를 받고 물에서 올라오실 때 하나님이 "이는 내 사랑하는 아들이요 내 기뻐하는 자라"고 말씀하셨습니다. 예수님은 하나님의 음성을 들으셨습니다.

광야에서는 하늘의 음성을 듣는 것을 훈련해야 합니다. 하나님의 음성을 분명하게 들어야 합니다. 하나님의 말씀이 분명하게 들리지 않는 사람은 삶이 흔들립니다. 광야는 시간과 장소가 구별된 곳입니다. 광야에서는 집중력이 높아집니다. 유혹과 시험을 이기려면 광야에서 훈련받아야 합니다.

광야를 지나야 약속의 땅으로 갑니다

기억해야 할 것은 광야는 종착지가 아니라 경유지라는 것입니다. 그러므로 광야를 경험하되 잘 통과해야 합니다. 그래야 가나안에 이를 수 있습니다. 가나안으로 가는 지름길은 없습니다.

광야를 경험하지 않은 채 가나안에 이르려고 하는 사람에게는 가나안이 광야가 됩니다. 광야는 과정입니다. 과정은 반드시 거쳐야 합니다. 그런데 우리는 과정을 지나치고 싶어 합니다. 애굽에서 바로 가나안으로 가고 싶어 합니다. 문제를 풀려고 하지 않은 채 빨리 답을 알려고 합니다. 문제와 씨름하지 않으려고 합니다. 광야를 반드시 가야 하는지, 광야에서 반드시 고생해야 하는지 의문을 가집니다. 그러나 금메달을 목에 걸려면 반드시 대가를 치러야 합니다. 그만큼 땀을 흘려야 합니다.

신앙이 깊어지는 것, 삶이 풍성해지는 것은 하루아침에 되지 않습니다. 교회 다니는 것, 교회생활에 적응하는 것을 신앙생활의 전부라고 생각해서는 안 됩니다. 오늘날 신앙생활을 쉽게 생각하는 사람이 있습니다. 착하게 사는 것과 예수님을 닮는 것은 차원이 다릅니다. 예수님을 닮기 원한다면 훈련을 해야 합니다.

하나님의 자녀로서 자격을 갖추어야 합니다.

홍해를 건널 때 이스라엘 백성들은 할 일이 전혀 없었습니다. 하나님이 모든 것을 하셨습니다. 그러나 가나안 땅에 들어가는 것은 다릅니다. 하나님의 백성으로서의 훈련을 받아야 합니다. 대가를 치러야 합니다.

광야를 경험하기 전과 경험한 후는 다릅니다. 우리는 광야의 훈련을 통해 단단해집니다. 순수해집니다. 영적으로 맑아집니다. 겸손해집니다. 광야를 경험한 사람은 이전보다 강해집니다. 인격이 다듬어집니다. 쉽게 요동하지 않습니다. 욕심이 없어집니다. 지혜로워집니다. 사려가 깊어집니다. 견고해집니다.

> 우리에게 있는 대제사장은 우리의 연약함을 동정하지 못하실 이가 아니요 모든 일에 우리와 똑같이 시험을 받으신 이로되 죄는 없으시니라 그러므로 우리는 긍휼하심을 받고 때를 따라 돕는 은혜를 얻기 위하여 은혜의 보좌 앞에 담대히 나아갈 것이니라 히 4:15-16

예수님은 광야에서 마귀의 시험을 말씀으로 이기셨습니다. 이스라엘 백성들은 광야에서 실패했으나, 예수님은 승리하셨습니다. 아담과 하와는 에덴동산에서 사탄의 유혹을 이기지 못했으나, 예수님은 이기셨습니다. 예수님의 승리는 우리의 승리입니다. 예수님은 우리를 대신하여 승리하셨습니다. 따라서 우리는 승리의 기쁨을 누려야 합니다.

예수님의 승리로 장차 우리의 승리가 보증이 됩니다. 우리의 연약함을 아시는 예수님은 장차 우리가 승리하도록 응원하십니다. 예수님이 승리하셨으므로 우리는 예수님만 바라보고 따라가면 됩니다. 그럴 때 우리도 승리할 것입니다.

우리의 힘만으로는 시험을 이길 수 없습니다. 우리는 믿을 만한 존재가 아닙니다. 그러므로 자신을 믿어서는 안 됩니다. 우리는 예수님을 신뢰해야 합니다. 예수님께 붙어 있어야 합니다. 예수님을 신뢰하고 그분께 붙어 있을 때 우리는 승리하신 예수님으로 인해 승리할 것입니다.

> 사람이 감당할 시험 밖에는 너희가 당한 것이 없나니 오직 하나님은 미쁘사 너희가 감당하지 못할 시험 당함을 허락하지 아니하시고 시험 당할 즈음에 또한 피할 길을 내사 너희로 능히 감당하게 하시느니라 고전 10:13

사도 바울은 우리가 승리할 것을 확신하게 합니다. 우리는 실패하기 어려운 존재입니다. 사도 바울은 "사람이 감당할 시험밖에는 너희가 당한 것이 없나니"라고 말했습니다. 이것은 하나님이 우리가 감당할 만한 시험만 우리에게 주신다는 의미입니다. 하나님은 우리를 잘 아십니다. 그러므로 하나님은 우리가 감당하지 못할 시험을 주시지 않습니다.

때로는 우리에게 버거운 시험이 주어질 때가 있습니다. 그러나 우리 생각에 버겁게 느껴지는 것일 뿐입니다. 하나님은 우리가 감당할 만하다고 생각하셔서 주신 것입니다. 하나님은 우리의 능력과 수준을 아십니다. 사도 바울은 "시험 당할 즈음에 또한 피할 길을 내사"라고 말했습니다. 하나님은 우리가 그 시험을 능히 감당하게 하십니다. 내가 감당할 시험은 누가 대신해 줄 수 없습니다. 내가 이겨내야 합니다. 내가 받아들여야 합니다.

피할 수 없는 상황을 피하려고 해서는 안 됩니다. 누가 대신할 수 없습니다. 피할 수 없는 상황을 거부하면 어떻게 됩니까? 그 상황을 이겨 냈을 때에 하나님이 우리에게 주시려고 예비해 놓으신 것을 받을 수 없습니다. 그러므로 죽을 각오로 이겨 내야 합니다. 그렇게 할 때 하나님이 예비해 놓으신 것을 받을 수 있습니다. 하나님이 길을 여시는 것을 경험할 수 있습니다.

하나님이 허락하시는 시험을 끝까지 감당해야 합니다. 그래야 우리에게 훈련이 됩니다. 피할 길을 내가 만들려고 해서는 안 됩니다. 포기해서도 안 됩니다. 포기하지 않고 감당할 때 경험하는 은혜가 있습니다. 목적을 쉽게 이루려고 해서는 안 됩니다. 결과보다 과정이 더 중요합니다. 과정이 없으면 목적을 이룰 수 없습니다. 광야를 경험하지 않으면 가나안 땅에 이를 수 없습니다. 가나안 땅에 이르려면 광야를 반드시 경험해야 합니다.

사도 바울은 "너희로 능히 감당하게 하시느니라"고 말했습니다. 때로는 혼자 감당하기 어려운 시험이 있습니다. 그런 때에는 우리가 시험을 이길 수 있도록 하나님이 우리를 도와주십니다. 우리가 시험 가운데 있을 때, 고통 가운데 있을 때, 하나님은 우리를 바라보고만 계시는 분이 아닙니다. 우리를 도우셔서 시험을 이기게 하십니다. 고난을 이기게 하십니다.

우리의 믿음은 자라야 합니다. 믿음이 자라야 시험을 넉넉히 이길 수 있습니다. 믿음이 자라야 실패를 반복하지 않습니다. 퇴보해서는 안 됩니다. 뒤를 돌아보아서는 안 됩니다.

하나님이 우리와 함께하십니다. 하나님은 우리를 지켜보시고 응원하십니다. 우리에게 힘을 주십니다. 우리를 응원하시는 하나님으로 인해 일상 가운데서 늘 승리하기 바랍니다. 승리를 기뻐하기 바랍니다. 승리하신 예수님을 바라보기 바랍니다. 예수님을 따라가기 바랍니다. 예수님과 동행하기 바랍니다. 광야와 같은 이 세상에서 승리하기 바랍니다.

11장.
성령의 능력으로 승리하라

Victory

마태복음 4:1-2

¹ 그때에 예수께서 성령에게 이끌리어 마귀에게 시험을 받으러 광야로 가사 ² 사십 일을 밤낮으로 금식하신 후에 주리신지라

성령님이 내 안에 계셔야 승리할 수 있습니다

우리는 이 세상에서 승리를 갈망해야 합니다. 승리를 확신해야 합니다. 이스라엘 백성들이 광야를 거쳐 가나안 땅에 들어갈 수 있었던 것처럼, 우리도 광야와 같은 세상에서 실패해서는 안 됩니다. 승리해야 합니다.

예수님은 성령에게 이끌리어 광야로 가셔서 마귀에게 시험을 받으셨습니다. 이때의 예수님은 인간의 몸이셨습니다. 육체의 한계를 가지고 계셨습니다. 예수님은 마귀에게 시험을 받기 전, 광야에서 40일 동안 밤낮으로 금식하셨습니다. 광야에서의 하루는 우리가 경험하는 일상의 하루와 같지 않습니다. 광야에서는 불과 같은 시험이 계속됩니다. 그런 광야에서 예수님은 40일 동안 밤낮으로 금식하시며 사람이 겪을 수 있는 한계를 경험하셨습니다. 그러므로 예수님이기 때문에 마귀를 이기셨다고 생각해서는 안 됩니다.

예수 그리스도를 바라볼 때 우리는 승리할 수 있습니다. 예수님이 승리하셨기 때문입니다. 그러므로 예수님은 승리의 모델이시요, 우리 삶에 답이 되십니다.

> 그가 시험을 받아 고난을 당하셨은즉 시험 받는 자들을 능히 도우실 수 있느니라 히 2:18

예수님은 고난을 피하지 않으셨습니다. 예수님은 하나님의 아들이시므로 고난을 겪지 않으셔도 됩니다. 그런데 예수님은 고난과 시험 가운데 있는 우리를 돕기 원하셨습니다. 그래서 예수님은 사람이 겪을 수 있는 유혹과 시험을 경험하셨습니다. 친히 고난을 겪으셨습니다. 마귀의 시험을 이기신 예수님은 우리에게 승리의 모델이 되십니다.

마귀는 예수님이 메시아가 되시는 것을 방해하려고 예수님을 공격했습니다. 예수님이 십자가를 지지 않게 하는 것이 마귀의 목표였습니다. 그러나 예수님은 마귀의 시험을 이기셨습니다. 우리는 예수님이 어떻게 승리하셨는가를 살펴보아야 합니다.

> 예수께서 세례를 받으시고 곧 물에서 올라오실새 하늘이 열리고 하나님의 성령이 비둘기 같이 내려 자기 위에 임하심을 보시더니 마 3:16

예수님은 마귀에게 시험을 받으러 광야로 가시기 전, 요단강에서 세례요한에게 세례를 받으셨습니다. 예수님이 세례를 받으시고 물에서 올라오실 때 무슨 일이 일어났습니까? 하늘이 열렸습니다. 하늘이 열려야 합니다. 하늘이 열려야 역사가 시작됩니다. 좋은 것은 하늘에서 내려옵니다. 우리가 노력해서 좋은 것을 갖는 것이 아닙니다. 그러므로 땅을 바라보지 말고 하늘을 바라보아야 합니다.

하늘이 열리고 하나님의 성령이 비둘기같이 내려 예수님의 위에 임하셨습니다. 성부, 성자, 성령이 함께하셨습니다. 하나님의 성령이 성자 예수님께 임하셨습니다. 하늘의 능력이 예수님의 위에 덧입혀졌습니다.

하나님의 성령이 예수님께 임하신 것은 매우 중요한 사건입니다. 공생애를 시작하시는 예수님께 성령의 능력이 필요했습니다. 메시아로서의 공적 사역을 시작하시는 예수님께 성령의 기름 부으심이 필요했습니다. 성령이 예수님께 임하신 후 예수님은 공생애를 시작하셨습니다.

이 사건 이후 마태복음 4장에서 예수님은 마귀에게 시험을 받으셨습니다. 마귀에게 시험을 받으시는 예수님은 혼자가 아니셨습니다. 성령이 예수님과 함께하셨습니다. 예수님은 성령과 함께 마귀의 시험을 이기셨습니다. 성령과 함께하신 예수님은 마귀를 제압하셨습니다.

예수님의 생애를 살펴보면, 성령이 예수님과 늘 함께하셨습니다. 성령과 함께하지 않는 예수님을 생각할 수 없습니다. 예수님은 성령으로 동정녀 마리아의 몸에 잉태되셨습니다. 공생애 기간에도 성령은 예수님과 늘 함께하셨습니다. 예수님은 성령과 함께 사역하셨습니다.

> 주의 성령이 내게 임하셨으니 이는 가난한 자에게 복음을 전하게 하시려고 내게 기름을 부으시고 나를 보내사 포로 된 자에게 자유를, 눈 먼 자에게 다시 보게 함을 전파하며 눌린 자를 자유롭게 하고 주의 은혜의 해를 전파하게 하려 하심이라 하였더라 눅 4:18-19

예수님은 이사야 61장 1-2절에 기록된 말씀을 인용하여 말씀하셨습니다. 이것은 이사야 선지자가 예수님에 대해 예언한 말씀입니다. 예수님은 귀신 들린 사람에게서 귀신을 쫓아내시고, 병든 자를 치료하셨습니다. 죄로 인해 망가진 영혼을 회복시켜 주셨습니다. 마귀에게 속박된 자들을 풀어 주셨습니다. 예수님은 성령과 함께하셨기 때문에 이렇게 행하실 수 있었습니다. 그러므로 성령과 예수님을 따로 생각할 수 없습니다.

우리 삶에서도 마찬가지입니다. 우리의 열심만으로는 신앙생활을 할 수 없습니다. 각오하고 결단하지만 무기력해질 때가 많습니다. 각오하고 결단하는 대로 되지 않습니다. 죄를 지으면 쉽게 절망합니다. 회개하지만 같은 죄를 반복할 뿐, 제자리에 머물러 있습니다. 변화되지 않습니다.

우리는 내 힘만으로는 승리할 수 없다는 것을 인정해야 합니다. 내 힘만으로는 하나님의 백성답게 살 수 없습니다. 자신에 대해 절망해야 합니다. "나에게는 선한 것이 없습니다"라고 인정해야 합니다.

그러므로 우리는 성령과 함께 신앙생활 해야 합니다. 성령과 함께하지 않으면 세상에서 승리할 수 없습니다.

> 나는 포도나무요 너희는 가지라 그가 내 안에, 내가 그 안에 거하면 사람이 열매를 많이 맺나니 나를 떠나서는 너희가 아무 것도 할 수 없음이라 요 15:5

우리는 무능합니다. 하나님과 함께하지 않으면 우리는 아무 것도 할 수 없습니다. 그런데 나 혼자서는 승리할 수 없습니다. 성령과 함께하지 않으면, 우리는 아무것도 아닙니다. 이것을 인정해야 합니다. 그래서 예수님도 "나를 떠나서는 너희가 아무 것도 할 수 없음이라"고 말씀하셨습니다.

> 내가 아버지께 구하겠으니 그가 또 다른 보혜사를 너희에게 주사 영원토록 너희와 함께 있게 하리니 그는 진리의 영이라 세상은 능히 그를 받지 못하나니 이는 그를 보지도 못하고 알지도 못함이라 그러나 너희는 그를 아나니 그는 너희와 함께 거하심이요 또 너희 속에 계시겠음이라 내가 너희를 고아와 같이 버려두지 아니하고 너희에게로 오리라 요 14:16-18

예수님은 또 다른 보혜사를 제자들에게 주셔서 제자들과 영원토록 함께 있게 하겠다고 말씀하셨습니다. 예수님은 제자들을 고아와 같이 버려두지 않겠다고 말씀하셨습니다. 예수님은 성령을 약속하셨습니다. 이것은 이 시대를 살아가는 성도 모두에게 적용되는 약속의 말씀입니다. 약속의 말씀이 있으므로 우리는 실패하지 않고 승리할 것입니다.

> 만일 너희 속에 하나님의 영이 거하시면 너희가 육신에 있지 아니하고 영에 있나니 누구든지 그리스도의 영이 없으면 그리스도의 사람이 아니라 롬 8:9

신자는 하나님의 영이 거하시는 사람입니다. 그리스도인 안에는 그리스도의 영이 거하십니다. 그리스도의 영이 없는 사람은 그리스도의 사람이 아닙니다.

> 그러므로 내가 너희에게 알리노니 하나님의 영으로 말하는 자는 누구든지 예수를 저주할 자라 하지 아니하고 또 성령으로 아니하고는 누구든지 예수를 주시라 할 수 없느니라 고전 12:3

어떻게 예수님을 믿게 되었습니까? 우리는 성령을 통해 예수님을 믿게 되었습니다. 성령이 예수님을 믿게 하셨습니다.

예수님을 믿는다는 것은 그 사람 안에서 성령이 역사하신다는 의미입니다. 이것은 결코 작은 일이 아닙니다. 하나님이 믿어지고, 하나님이 하신 일이 믿어지는 것은 기적입니다. 머리로 이해하여 예수님을 믿는 것이 아닙니다. 성령이 믿게 하셨기 때문에 예수님을 믿습니다. 우리에게 예수님을 믿게 하신 성령은 우리 안에 거하십니다. 그리고 결코 우리를 떠나지 않으십니다. 성령은 우리 안에 계속 거하십니다. 예수님의 영이신 성령이 우리와 함께하시는 것, 이것이 우리가 경험하는 복입니다.

성령은 우리를 도우셔서 우리를 승리하게 하십니다. 우리 안에 거하시는 성령은 우리를 도우시는 보혜사이십니다. 또 성령은 믿음 생활을 하는 우리에게 활력을 주십니다. 성령은 우리에게 예수님을 믿게 하시고, 우리 안에 거하시며 신앙생활을 잘할 수 있도록 도우십니다.

그러므로 내 힘으로 신앙생활을 하려고 해서는 안 됩니다. 성령의 도우심을 구해야 합니다. 성령을 의지해야 합니다. 성령과 함께하지 않으면서 내 힘으로만 신앙생활을 하려고 하면 어려울 수밖에 없습니다.

말씀에 성령이 임해야 권세가 있습니다

마귀가 예수님을 시험했습니다. 이때 예수님은 적절한 하나님의 말씀으로 마귀를 공격하셨습니다. 예수님은 하나님의 말씀을 잘 알고 계셨습니다. 여기에도 성령님의 도우심이 있었습니다. 성령이 예수님을 도우셨으므로 마귀의 시험을 한 방에 무력하게 하실 수 있었습니다.

> **보혜사 곧 아버지께서 내 이름으로 보내실 성령 그가 너희에게 모든 것을 가르치고 내가 너희에게 말한 모든 것을 생각나게 하리라** 요 14:26

성령은 모든 것을 가르치시고 하나님의 말씀을 생각나게 하십니다. 예수님은 성령이 생각나게 하신 말씀으로 마귀를 이기셨습니다. 성령이 생각나게 하시는 것과 자신이 기억하는 것은 다릅니다. 성령이 나에게 말씀을 생각나게 하시면 그 말씀은 나를 압도합니다.

예수님이 구약의 말씀을 인용하여 마귀를 이기셨다고 생각해서는 안 됩니다. 말씀을 암송한다고 마귀가 도망가겠습니까? 성령이 힘을 주셔야 마귀를 이길 수 있습니다. 예수님은 성령에게 이끌리어 광야로 가셔서 40일을 밤낮으로 금식하셨습니다. 40일을 금식하신 예수님은 성령으로 충만하셨습니다. 그리고 예수님은 성령에게 이끌리어 마귀에게 시험을 받으러 광야로 가셨습니다. 그러므로 성령의 능력이 예수님 가운데 있었습니다. 성령은 예수님을 적극적으로 도우셨습니다. 성령의 능력이 하나님의 말씀 가운데 임했습니다. 그래서 예수님이 선포하신 말씀에서 권세가 드러났습니다. 말씀에 위력이 있었습니다. 예수님은 말씀의 권세로 마귀를 제압하셨습니다.

단순히 성경책을 가지고 다닌다고 해서 마귀를 이길 수 없습니다. 내가 알고 있는 말씀, 내가 암송하는 말씀으로는 마귀를 이길 수 없습니다. 성령의 능력이 임한 말씀을 통해서만 마귀를 이길 수 있습니다. 성령의 능력으로 말미암아 영적 권세가 나타납니다. 그러므로 말씀에 성령의 능력이 임해야 합니다. 영적 권세가 있어야 합니다.

교회를 다니다 보면 하나님의 말씀을 알게 됩니다. 성경을 공부하다 보면 성경 지식이 많아집니다. 물론 성경 말씀을 많이 알아야 합니다. 그러나 성경 지식이 많다고 해서 말씀의 권능을 경험하는 것은 아닙니다. 성경 공부하는 것, 말씀을 묵상하는 것으로는 충분하지 않습니다. 말씀을 지식적으로 이해하고 분석하고 연구하는 것으로 만족해서는 안 됩니다. 성경을 공부하고 말씀을 묵상하되 성령과 함께해야 합니다. 성경을 공부할 때 그곳에 성령이 임하셔야 합니다.

성령과 함께 말씀을 묵상할 때 성령이 우리를 도우시고 감동을 주셔서 말씀의 의미를 깨닫게 하십니다. 성령이 우리의 눈을 밝히셔서 말씀의 의미를 깨달을 때, 묵상하는 말씀을 통해 능력을 경험할 수 있습니다. 말씀을 많이 아는 것, 성경 지식이 많은 것보다 중요한 것은 말씀의 권능을 경험하는 것입니다. 말씀의 능력을 경험하는 사람이 말씀으로 마귀를 이깁니다. 말씀을 선포할 때 마귀가 떠나야 합니다. 하나님의 말씀 가운데 성령의 능력이 임해야 합니다. 성령의 능력이 임한 말씀을 선포할 때 유혹과 시험이 사라집니다.

그런데 성경 말씀을 많이 아는데 말씀의 능력을 경험하지 못하는 사람이 많습니다. 말씀의 권세를 경험하지 못하는 사람이 많습니다. 성경을 단순히 문자로 읽으면 성경을 통해 감동을 전혀 받을 수 없습니다. 말씀이 영혼에 깊이 들어오지 않는데 말씀으로 어떻게 마귀를 이길 수 있겠습니까?

성경을 단순히 지식적으로 받아들여서는 안 됩니다. 그러므로 성경을 읽을 때, 성령의 능력이 임하시도록 기도해야 합니다. 성령이 우리의 눈을 밝혀 주실 때 우리는 성경의 의미를 깨달을 수 있습니다. 하나님의 말씀을 살아 있는 말씀으로 경험할 수 있습니다.

> 하나님의 말씀은 살아 있고 활력이 있어 좌우에 날선 어떤 검보다도 예리하여 혼과 영과 및 관절과 골수를 찔러 쪼개기까지 하며 또 마음의 생각과 뜻을 판단하나니 히 4:12

하나님의 말씀을 통해 능력을 경험해야 합니다. 이것은 성령을 통해서만 가능합니다. 성령이 역사하셔야 말씀을 통해 하나님의 놀라운 능력을 경험할 수 있습니다.

에스겔 37장에 보면, 하나님은 에스겔을 골짜기로 이끌고 가셨습니다. 그런데 골짜기의 지면에 마른 뼈가 심히 많았습니다. 여기서 '마른 뼈'는 영적으로 무기력한 시대 상황을 의미합니다.

하나님은 에스겔에게 "인자야 이 뼈들이 능히 살 수 있겠느냐"(겔 37:3)라고 물으셨습니다. 아주 말라 생명력이 전혀 없는 마른 뼈가 어떻게 살아나겠습니까? 그런데 하나님은 에스겔에게 이렇게 말씀하셨습니다.

또 내게 이르시되 너는 이 모든 뼈에게 대언하여 이르기를 너희 마른 뼈들아 여호와의 말씀을 들을지어다 주 여호와께서 이 뼈들에게 이같이 말씀하시기를 내가 생기를 너희에게 들어가게 하리니 너희가 살아나리라 너희 위에 힘줄을 두고 살을 입히고 가죽으로 덮고 너희 속에 생기를 넣으리니 너희가 살아나리라 또 내가 여호와인 줄 너희가 알리라 하셨다 하라 겔 37:4-6

그래서 에스겔은 마른 뼈들을 향해 하나님의 말씀을 대언했습니다. 그렇게 하자 놀라운 일이 일어났습니다. 마른 뼈들이 움직이더니 소리가 나고 이 뼈, 저 뼈가 들어맞아 서로 연결되었습니다. 그런데 생기가 없었습니다.

또 내게 이르시되 인자야 너는 생기를 향하여 대언하라 생기에게 대언하여 이르기를 주 여호와께서 이같이 말씀하시기를 생기야 사방에서부터 와서 이 죽음을 당한 자에게 불어서 살아나게 하라 하셨다 하라 이에 내가 그 명령대로 대언하였더니 생기가 그들에게 들어가매 그들이 곧 살아나서 일어나 서는데 극히 큰 군대더라 겔 37:9-10

에스겔은 하나님이 말씀하신 대로 마른 뼈를 향해 하나님의 말씀을 또다시 대언했습니다. 그때 마른 뼈에 생기가 들어가 큰 군대가 되는 놀라운 일이 일어났습니다.

생기가 무엇입니까? 여기서 '생기'는 성령을 가리킵니다. 성령은 살리는 영이십니다. 생기, 즉 성령의 능력이 임하지 않으면 마른 뼈는 해골 더미에 불과합니다. 그러나 성령의 능력이 임하자 마른 뼈가 군대를 이루었습니다.

우리 가운데 하나님의 말씀이 임해야 합니다. 그런데 그것으로는 부족합니다. 성령이 함께하심으로 성령의 능력이 우리 가운데 임해야 합니다. 성령의 능력이 임하지 않으면 우리는 아무것도 할 수 없습니다. 신앙생활을 온전히 할 수 없습니다.

성령을 경험하는 사람이 되십시오

오늘날 교회에서 많은 일을 합니다. 좋은 프로그램이 많습니다. 예배를 멋지게 기획합니다. 교회 건물도 멋집니다. 그런데 무엇보다 중요한 것은 성령의 능력입니다. 성령의 능력이 교회 가운데 임해야 합니다. 그러므로 교회는 성령의 능력을 사모해야 합니다. 성령과 함께 신앙생활 해야 합니다.

> 너희는 여호와의 선하심을 맛보아 알지어다 그에게 피하는 자는 복이 있도다 시 34:8

정말 유명한 맛집을 방문했습니다. 음식이 얼마나 맛있던지 자나 깨나 생각나고 기회가 되면 또 그 맛집을 방문하고 싶습니다. 우연히 그 맛집을 방문했던 사람을 만났습니다. 그와는 통하는 게 있습니다. 내가 왜 그 음식 맛을 잊지 못하고 그리워하는지 이해해 줍니다. 그러나 그 음식 맛을 모르는 사람은 아무리 설명해 줘도 이해하지 못합니다.

하나님을 지식적으로 아는 사람과 직접 경험한 사람은 다릅니다. 하나님 말씀을 경험한 사람은 말씀을 갈망합니다. 성령의 임재를 경험한 사람은 성령의 임재를 사모합니다. 성령을 체험한 사람은 성령을 갈망합니다. 참된 예배를 경험한 사람은 참된 예배를 갈망합니다.

'하나님을 아는 것'과 '하나님에 대해 아는 것'은 다릅니다. '성령을 아는 것'과 '성령에 대해 아는 것'은 다릅니다. 성령을 이론으로, 지식적으로 아는 것으로는 충분하지 않습니다. 신앙생활을 오랫동안 했지만 성령을 모호한 존재로 인식하는 사람은 신앙생활을 온전히 한 것이 아닙니다.

오늘날 성령을 제대로 알지 못하는 사람이 많습니다. 성부 하나님, 성자 예수님에 대해서는 많이 들어서 어느 정도 알고 있습니다. 그러나 성령을 어렵게 생각합니다. 성령에 대해 알려고 하지 않습니다. 성령에 관심이 없습니다. 그런데 신약 시대를 사는 사람이 성령에 관심이 없는 것은 이상한 일입니다. 성령에 관심이 없는데 어떻게 성령과 동행할 수 있겠습니까? 성령에 관심 없이 신앙생활 하는 것은 형식적인 행위에 불과합니다. 이런 사람은 신앙인이 아니요 종교인입니다. 영적으로 잠든 것과 같습니다.

교회에 다니며 봉사하고 직분도 받습니다. 교회에서 해야 하는 것은 다 합니다. 어느 정도 재미있습니다. 그런데 성령님을 모르고, 성령님과 함께하지 않는다면 이 모든 것은 자기 열심에서 비롯된 것입니다. 사회활동을 하는 것과 다를 바 없습니다. 그러니 신앙생활이 힘들다고만 생각합니다.

로마서 7장을 보면 사도 바울은 "내가 원하는 바 선은 행하지 아니하고 도리어 원하지 아니하는 바 악을 행하는도다"(19절)라고 말합니다. 그러다가 자신의 연약함을 깨닫고 "오호라 나는 곤고한 사람이로다 이 사망의 몸에서 누가 나를 건져내랴"(24절)라고 탄식합니다. 그런데 로마서 8장에서는 분위기가 크게 달라집니다. 로마서 8장을 '성령장'이라고 말합니다. 37절에 보면, 사도 바울은 "이 모든 일에 우리를 사랑하시는 이로 말미암아 우리가 넉넉히 이기느니라"고 고백했습니다. 사도 바울은 승리를 선포했습니다. 성령을 경험한 사람은 이러한 변화를 경험합니다. 이것이 성령에 사로잡힌 사람의 모습입니다.

예수님의 제자들은 3년 동안 예수님을 따라다녔습니다. 그러면서 예수님의 말씀을 직접 들었습니다. 예수님이 기적을 행하시는 것을 현장에서 보았습니다. 그런데 예수님이 십자가를 지셨을 때 제자들은 다 도망갔습니다. 망신스러운 일입니다.

우리는 예수님의 제자들과 다릅니까? 크게 다르지 않습니다. 예수님을 믿습니다. 구원받았습니다. 그런데 그것으로 만족합니다. 더 이상 앞으로 나아가지 못합니다. 계속 제자리에 있습니다. 마귀가 공격하면 속수무책으로 당합니다. 신자이지만 비겁하게 행동할 때가 있습니다. 세상의 눈치를 볼 때가 있습니다. 그러므로 우리는 예수님의 제자들을 흉볼 수 없습니다.

예수님이 세례요한에게 세례를 받으시고 물에서 올라오실 때 하늘이 열리고 하나님의 성령이 비둘기같이 내려오셨습니다. 이후 예수님의 공생애가 시작되었습니다. 오순절 마가의 다락방에서 비슷한 일이 벌어집니다. 사람들이 모여 기도했을 때 성령이 바람 같이 각 사람에게 임하셨습니다. 이후 제자들의 공적 사역이 시작되었습니다. 성령이 임하신 후 제자들은 달라졌습니다.

우리가 진정한 신자로 살려면 성령을 받아야 합니다. 성령과 함께할 때 우리의 삶이 달라집니다. 우리의 힘만으로는 한계를 극복할 수 없습니다. 그러나 성령과 함께할 때 우리는 육체의 한계를 극복할 수 있습니다.

> 너희가 육신대로 살면 반드시 죽을 것이로되 영으로써 몸의 행실을 죽이면 살리니 무릇 하나님의 영으로 인도함을 받는 사람은 곧 하나님의 아들이라 롬 8:13-14

육신대로 사는 것과 영으로써 사는 것은 매우 다릅니다. 영의 생각과 육의 생각이 날마다 우리 안에서 싸웁니다. 그래서 우리가 갈등합니다. 이런 갈등을 대수롭지 않게 생각해서는 안 됩니다.

> 내가 이르노니 너희는 성령을 따라 행하라 그리하면 육체의 욕심을 이루지 아니하리라 육체의 소욕은 성령을 거스르고 성령은 육체를 거스르나니 이 둘이 서로 대적함으로 너희가 원하는 것을 하지 못하게 하려 함이니라… 만일 우리가 성령으로 살면 또한 성령으로 행할지니 갈 5:16-17, 25

육신의 지배를 받으면 안 됩니다. 그런데 우리 힘으로는 육체의 힘을 이길 수 없습니다. 그러므로 우리는 성령의 능력을 의존해야 합니다.

복음은 능력이 있습니다. 하나님의 말씀은 능력이 있습니다. 성령은 우리의 연약함을 아십니다. 성령은 연약한 우리를 도우셔서 우리의 속사람을 강건하게 하십니다. 우리는 성령과 함께 살아야 합니다. 성령을 따라 행해야 합니다. 성령과 동행해야 합니다. 성령과 동행한다는 것은 매 순간 성령을 의지하며 사는 것을 의미합니다. 일상 가운데 성령과 함께해야 합니다.

성령 충만은 하나님이 우리의 삶 전체를 다스리는 것을 의미합니다. 성령이 우리의 인격을 다스리시는 것을 의미합니다. 그러므로 성령 충만한 사람은 성령을 항상 의식합니다. 우리는 일상 가운데서 성령과 함께해야 합니다. 성령과 함께 호흡해야 합니다. 성령과 함께할 때 죄를 이길 수 있습니다. 죄를 이기려면 기도해야 합니다. 우리의 힘으로는 죄를 이길 수 없다는 것을 깨닫고 성령을 전적으로 의지하는 사람은 기도합니다.

성령을 전적으로 의지할 때, 성령이 우리에게 능력을 주십니다. 성령이 주시는 능력은 불가능한 것을 가능하게 합니다. 사도 바울은 감옥에 갇혀 있으면서 "내게 능력 주시는 자 안에서 내가 모든 것을 할 수 있느니라"(빌 4:13)고 고백했습니다. 언제 죽을지 알 수 없는 가운데서도 사도 바울은 두려워하지 않았습니다. 약해지지 않았습니다. 탄식하지 않았습니다. 오히려 담대했습니다. 승리할 것이라고 외쳤습니다. 이처럼 성령은 우리의 믿음을 북돋아 주십니다.

성령이 우리와 함께하십니다. 성령과 함께하는 사람은 생동감이 있습니다. 활력이 넘칩니다. 지치지 않습니다. 마음에 평안과 기쁨이 있습니다. 말씀대로 순종하는 것이 기쁩니다. 그러므로 성령을 전적으로 의지하기 바랍니다. 성령 안에서 살아갈 때 우리는 승리할 수 있습니다.

> 너희가 악한 자라도 좋은 것으로 자식에게 줄 줄 알거든 하물며 하늘에 계신 너희 아버지께서 구하는 자에게 좋은 것으로 주시지 않겠느냐 마 7:11
>
> 너희가 악할지라도 좋은 것을 자식에게 줄 줄 알거든 하물며 너희 하늘 아버지께서 구하는 자에게 성령을 주시지 않겠느냐 하시니라 눅 11:13

다른 것을 구하지 말고 성령 충만을 구하기 바랍니다. 성령을 경험한 사람은 성령을 구합니다. 하나님이 우리에게 주시는 최고의 선물은 성령입니다. 가장 좋은 응답은 성령을 받는 것입니다.

우리 안에 성령이 계십니다. 우리는 성령을 무시해서는 안 됩니다. 우리 안에 성령이 계신데, 마치 계시지 않는 것처럼 무시하는 것은 성령을 소멸하는 것입니다. 우리는 성령을 소멸해서는 안 됩니다. 성령은 우리를 떠나지 않으십니다. 성령은 영원토록 우리와 함께하십니다. 성령을 인정하고 의지하기 바랍니다. 성령과 의논하기 바랍니다. 성령과 동행하기 바랍니다. 그럴 때 성령이 우리를 승리하게 하실 것입니다.

광야에서 금식하신 후 마귀의 시험을 받으신 예수님은 하나님의 말씀으로 마귀를 이기셨습니다. 성령으로 말미암아 승리하셨습니다. 승리하게 하신 성령이 우리와 함께하십니다. 성령이 우리에게 힘을 주셔서 우리를 승리하게 하십니다. 성령이 우리와 함께하시면 우리는 백전백승(百戰百勝)합니다.

12장.
말씀의 능력으로 승리하라

Victory

마태복음 4:3-4

³ 시험하는 자가 예수께 나아와서 이르되 네가 만일 하나님의 아들이어든 명하여 이 돌들로 떡덩이가 되게 하라 ⁴ 예수께서 대답하여 이르시되 기록되었으되 사람이 떡으로만 살 것이 아니요 하나님의 입으로부터 나오는 모든 말씀으로 살 것이라 하였느니라 하시니

주목하는 것에 마음을 빼앗깁니다

마귀는 예수님을 세 번 시험했습니다. 마귀는 에덴동산에서 아담과 하와를 시험한 것처럼 광야에서 예수님을 시험했습니다. 지금도 마귀는 사람들을 여전히 시험하고 있습니다. 마귀의 시험은 많은 사람을 넘어지게 합니다.

에덴동산에서 아담과 하와가 마귀의 시험을 이기지 못한 것으로 인해 오늘날 인류가 고통하며 살고 있습니다. 그러나 예수님은 승리하셨습니다. 예수님이 마귀의 시험을 이기신 것은 우리에게 큰 의미가 있습니다.

> 시험하는 자가 예수께 나아와서 이르되 네가 만일 하나님의 아들이어든 명하여 이 돌들로 떡덩이가 되게 하라 마 4:3

마귀의 첫 시험은 먹는 문제, 생존의 문제와 관련된 것입니다. 예수님은 40일을 밤낮으로 금식하셨습니다. 얼마나 배고프셨겠습니까? 사람은 먹어야 살 수 있습니다. 먹지 않고 견딜 수 있는 사람은 없습니다. 그러므로 먹는 문제는 반드시 해결해야 합니다. 신앙이 좋은 사람이라고 해서 먹지 않고 살 수 있는 것은 아닙니다. 먹어야 삽니다. 신앙과 빵은 별개의 문제가 아닙니다.

예수님은 하나님의 아들이시므로 돌을 떡이 되게 하실 수 있었습니다. 마귀는 예수님이 누구신지, 어떤 상황에 처했는지 잘 알고 시험했습니다. 이처럼 마귀는 때와 상황에 맞게 시험합니다. 마귀는 사람의 절실한 문제를 잘 알고 그것을 교묘하게 공격합니다. 언뜻 생각하기에는 마귀가 예수님께 타당한 것을 제안한 것 같습니다. 40일 동안 밤낮 금식하신 예수님이 돌을 떡으로 바꾸어 먹겠다는데 무엇이 문제 되겠습니까? 예수님이 가진 능력으로 굶주린 배를 채우라는 것이니 문제 될 것이 전혀 없는 듯합니다.

마귀의 시험이 이런 것입니다. 처음에는 '이것이 시험인가?'라고 생각합니다. 마귀의 시험은 시험인 줄 모르고 당하기 때문에 위험합니다. 마귀는 교묘하게 시험합니다. 마귀는 합리적으로, 상식적으로, 논리적으로 접근합니다. 그러므로 마귀의 시험을 대수롭지 않게 생각해서는 안 됩니다.

아담과 하와가 죄를 범한 이후, 인류는 궁핍을 경험하게 되었습니다. 이것은 저주입니다. 사람들은 자신의 힘으로 이 문제를 해결하려고 하지만, 그럴수록 삶은 더 힘들어집니다. 사람들은 늘 부족합니다. 부족이 두렵습니다. 그래서 부족하지 않으려고 안간힘을 쓰며 노력합니다. 이러한 삶은 늘 위험합니다.

마태복음 6장 11절에서 예수님은 "오늘 우리에게 일용할 양식을 주시옵고"라고 기도하라고 가르치셨습니다. 그런데 31-32절에 가서는 "그러므로 염려하여 이르기를 무엇을 먹을까 무엇을 마실까 무엇을 입을까 하지 말라 이는 다 이방인들이 구하는 것이라 너희 하늘 아버지께서 이 모든 것이 너희에게 있어야 할 줄을 아시느니라"고 말씀하셨습니다. 앞뒤가 맞지 않는 듯합니다. 일용할 양식을 구하라더니 나중에는 구하지 말라고 하십니다. 그러면 우리는 무엇을 구해야 합니까?

> 그런즉 너희는 먼저 그의 나라와 그의 의를 구하라 그리하면 이 모든 것을 너희에게 더하시리라 마 6:33

신자는 먼저 하나님의 나라와 그의 의를 구해야 합니다. 그렇게 하면 모든 것을 더하시겠다고 예수님이 말씀하셨습니다.

사람들은 하나님 나라를 구하는 것 같지만 사실은 먹을 것에 집중합니다. 하나님 나라보다 먹을 것을 구합니다. 먹을 것에 마음을 빼앗깁니다. 물질의 문제는 신앙생활을 하는 사람에게는 장애물과 같습니다. 떡은 떡으로 끝나지 않습니다. 점점 커집니다. 처음에는 가장 기본적인 필요를 채우는 것으로 시작합니다. 그런데 기본적인 필요가 채워지면 그것으로 만족하지 않습니다.

사람들은 떡 하나를 가진 것으로 만족하지 않습니다. 떡 하나를 가지면 두 개가 갖고 싶고, 더 많이 가지고 싶어 합니다. 많은 떡을 확보하려고 합니다. 이것이 사람의 본성입니다. 물질은 가질수록 더 많이 가지고 싶어집니다. 물질의 욕심은 점점 커집니다. 그래서 사람들은 물질을 하나님과 동등하게 생각합니다.

세상은 광야와 같습니다. 그런 세상에서 사는 사람들은 불안합니다. 이스라엘 백성들이 애굽에 있는 동안에는 바로가 주는 것을 먹고 살 수 있었습니다. 비록 적은 양이었지만 확실하게 보장된 것이 있었습니다. 그러나 광야에는 아무것도 없습니다. 그러니 불안할 수밖에 없습니다. 불안하니까 더 많은 것을 가지고 싶어 합니다. 이처럼 불안과 욕망은 밀접한 관계가 있습니다.

> 한 사람이 두 주인을 섬기지 못할 것이니 혹 이를 미워하고 저를 사랑하거나 혹 이를 중히 여기고 저를 경히 여김이라 너희가 하나님과 재물을 겸하여 섬기지 못하느니라 마 6:24

재물은 세상을 지배하는 신입니다. 세상 사람들은 돈을 신처럼 여깁니다. 마귀는 우리에게 "돈과 하나님 중에 하나를 선택하라면 무엇을 선택할 것인가?"라고 질문합니다. 우리는 날마다 이 질문을 받습니다. 믿음이 연약한 사람은 이 질문에 쉽게 대답하지 못할 수 있습니다. 신자라면 당연히 "나는 하나님을 선택합니다"라고 대답해야 합니다. 그것이 바람직합니다. 그러나 그렇게 대답하는 것과 삶이 다를 수 있습니다.

오늘날 물질은 종교와 같습니다. 현실 속에서 물질의 유혹은 매우 강력합니다. 물질을 신봉하는 사람이 여느 종교를 믿는 사람보다 많습니다. 종교 생활을 하는 사람일지라도 물질, 맘몬을 신봉합니다. 맘몬은 공산주의의 이데올로기보다 더 강력한 힘을 가지고 있습니다.

마귀가 예수님께 "이 돌들로 떡덩이가 되게 하라"(마 4:3)고 한 것은 예수님을 매우 강하게 공격한 것입니다. 이것은 단순히 한 끼를 해결하라는 의미가 아닙니다. 이 속에는 마귀의 무서운 흉계가 있습니다. 마귀는 작은 것부터 시작해서 우리 삶을 조금씩 파괴합니다. 마침내는 모든 것을 무너뜨립니다.

창세기에 보면 에덴동산에서 마귀는 뱀의 모습으로 아담과 하와에게 다가와서 유혹했습니다. 뱀의 유혹을 받고 죄를 범한 아담과 하와는 에덴동산에서 쫓겨났습니다. 뱀은 잔인한 포식자입니다. 먹이를 조금씩 입에 넣습니다. 뱀은 소화기관이 독특합니다. 먹이가 아무리 커도 조금씩 입에 넣어 마침내 다 삼켜 버립니다.

> 여자가 그 나무를 본즉 먹음직도 하고 보암직도 하고 지혜롭게 할 만큼 탐스럽기도 한 나무인지라 여자가 그 열매를 따먹고 자기와 함께 있는 남편에게도 주매 그도 먹은지라 창 3:6

에덴동산에서 아담과 하와는 마귀의 첫 번째 희생자였습니다. 선악을 알게 하는 나무는 아담과 하와에게 먹음직하고 보암직하고 지혜롭게 할 만큼 탐스럽게 보였습니다. 마귀는 아담과 하와에게 선악을 알게 하는 나무의 열매를 주목하게 했습니다. 무엇을 주목하는가가 중요합니다. 주목하는 데에는 의도가 있습니다. 무엇이든 주목하는 것은 크게 보입니다.

다윗은 왕궁 옥상을 거닐다가 한 여인이 목욕하는 것을 보았습니다. 그리고 주목했습니다. 다윗이 한 여인, 밧세바를 주목하는 순간 다윗에게는 밧세바만 보였습니다. 밧세바는 다윗의 마음을 점령했습니다. 내가 주목하는 것이 나를 사로잡습니다. 이것이 육신의 정욕, 안목의 정욕입니다.

주목하는 것은 사람마다 다릅니다. 다윗은 밧세바를 주목했고, 가룟 유다는 돈을 주목했습니다. 그 결과 가룟 유다는 예수님을 은 30에 팔아 버렸습니다. 하나를 계속 주목하면 거기에 몰입하게 됩니다. 시선을 집중하면 그것에 사로잡힙니다. 애착하게 됩니다. 그리고 그것을 소유하려고 합니다.

세상에는 사람들의 시선을 끄는 것이 많습니다. 마귀는 사람에게 무언가를 주목하게 합니다. 사람들은 자신이 바라보는 것, 자신이 주목하는 것을 숭배합니다. 지금 무엇에 주목합니까? 시야를 잘 관리하는 것이 신앙생활입니다. 마귀가 주목하게 하는 것을 주목해서는 안 됩니다. 우리는 오직 하나님을 주목해야 합니다.

하나님이 우리의 아버지십니다

예전에 기도원에서 1주일 금식한 적이 있습니다. 금식을 끝내고 시외버스를 타고 집으로 돌아가는데, 버스 안에서 제 앞에 앉은 청년이 비스킷을 먹고 있었습니다. 그것이 얼마나 맛있어 보였는지 모릅니다. 지금도 그 비스킷의 이름을 분명하게 기억합니다.

'코코넛 비스킷.'

사람의 본능은 매우 강합니다. 극도로 배고픈 상태에서는 이성이 흐릿해집니다. 무엇이든 먹을 수 있을 것 같습니다. 40일 금식하면 헛것이 보입니다. 이런 사람에게는 물 한 방울도 절실합니다. 죽느냐 사느냐가 달려 있습니다. 그런 중에 "네가 하나님의 아들이잖아. 그러면 이 돌들을 떡으로 만들어 봐"라는 마귀의 유혹은 달콤하게 들립니다. 위로처럼 들립니다. 그러나 그것은 조롱입니다. 마귀는 잔인하게 예수님을 시험했습니다.

40일을 밤낮 금식하신 예수님은 우리와 같은 사람이십니다. 예수님은 자신에게 다가와 시험하는 마귀를 보며 욕하실 수도 있습니다. 마귀는 야비합니다. 예수님의 본능을 자극했습니다. 마귀의 시험에서 벗어날 방법이 전혀 없는 듯합니다. 이처럼 마귀는 우리를 정신 차리지 못하게 합니다.

일상, 삶의 현장은 매우 치열합니다. 긴장감이 느껴집니다. 때로는 처절하기도 하고 살벌하기도 합니다. 사는 것이 쉽지 않습니다. 가족을 먹여 살려야 하는 가장에게 생존 문제는 매우 절실합니다. 만약 사람에게 돌을 떡으로 바꾸는 능력이 있다면 언제든 이 능력을 사용해 궁핍함을 해결할 것입니다.

돌을 떡이 되게 하라는 마귀의 시험은 생존의 문제와 관련 있습니다. 일상의 기본 권리와 관련 있습니다. 여기서 우리가 어디로 공급받는가를 생각해야 합니다. 누가 공급하는가는 매우 중요합니다. 누가 우리를 책임지는가를 생각해야 합니다. 우리가 어디에 속해있는가를 생각해야 합니다.

마귀의 이 첫 번째 유혹 깊은 곳에는 "네가 하나님의 아들이라면 네가 가진 능력을 드러내어 스스로를 증명해라. 네가 하나님의 아들인데 그렇게 굶을 이유가 있느냐? 돌이 떡이 되게 해라"는 의미가 담겨 있습니다. 마귀는 예수님이 하나님의 아들이시라는 것을 공격했습니다.

살다 보면 세상 사람들은 우리가 하나님의 자녀인 것을 공격합니다. 하나님을 믿는 사람이 하나님을 믿지 않는 사람과 다를 바 없는 것으로 인해 우리의 정체성을 공격합니다. 그러므로 우리는 하나님의 자녀답게 살아야 합니다. 하나님을 전적으로 신뢰해야 합니다. 하나님을 신뢰하는 모습을 세상 사람들에게 보여 주어야 합니다. 믿지 않는 사람들과 구별된 모습을 보여 주어야 합니다.

> 너희가 악한 자라도 좋은 것으로 자식에게 줄 줄 알거든 하물며 하늘에 계신 너희 아버지께서 구하는 자에게 좋은 것으로 주시지 않겠느냐 마 7:11

예수님은 하나님을 가리켜 "하늘에 계신 너희 아버지"라고 말씀하셨습니다. 고아는 염려가 많습니다. 늘 불안합니다. 두려운 것이 많습니다. 오늘날 세상 사람들은 마치 고아처럼 살아갑니다. 누구도 믿지 못합니다. 자신의 삶을 스스로 책임지려고 합니다. 그래서 열심히 끌어모으며 삽니다. 내일을 알 수 없어서 다른 사람의 것을 빼앗기도 하고, 사람을 궁지로 몰기도 합니다. 그러나 능력과 인성을 두루 갖춘, 완벽한 부모가 있는 자녀는 염려할 이유가 없습니다. 아버지께서 모든 것을 책임지시기 때문입니다. 우리가 신앙생활을 하면서 하늘 아버지를 경험해야 합니다. 하나님을 아버지로 경험하는 것이 매우 중요합니다.

하나님이 우리의 아버지이신 것을 깨닫지 못하면, 자신이 누구인지 알지 못합니다. 자신이 하나님의 자녀인 것을 알 수 없습니다. 광야에서 이스라엘 백성이 그랬습니다. 하나님은 구름 기둥과 불 기둥으로 그들을 보호하시고 만나와 메추라기로 매일 먹이셨지만 그들은 하나님을 아버지로 믿지 못했습니다. 그러므로 하나님이 우리의 아버지이신 것을 경험하는 것이 매우 중요합니다. 하나님은 우리를 책임지시는 우리의 아버지이십니다.

예수님은 왜 일용할 양식을 구하라고 하셨을까요? 양식은 본래 아버지께 구하는 것이기 때문입니다. 하나님은 우리의 아버지가 되기를 원하십니다. 그래서 하나님은 우리가 하나님을 의지하기를 원하십니다. 우리는 삶 속에서 하나님을 아버지로 경험해야 합니다. 삶 속에서 하나님을 경험하지 못하면 신앙생활이 모호해집니다. 하늘의 아버지를 나의 아버지로 경험하는 것이 중요합니다.

하나님을 아버지로 경험하려면 하나님을 신뢰해야 합니다. 하나님 아버지가 우리의 먹고사는 것을 책임지신다는 사실을, 우리에게 양식을 공급해 주신다는 사실을 신뢰해야 합니다. 극한의 상황에서도 하나님을 신뢰해야 합니다. 하나님을 신뢰한다고 하면서 위기를 겪을 때마다 다른 것을 선택한다면 하나님을 아버지로 온전히 경험할 수 없습니다.

하나님과의 관계가 깊어질 때 그분을 깊이 신뢰할 수 있습니다. 하나님을 신뢰할 때 우리는 하나님이 우리의 아버지이신 것과 우리가 고아가 아니라는 것을 경험할 수 있습니다. 하나님이 나의 아버지이신 것을 확신하는 사람은 아무것도 두려워하지 않습니다. 그러므로 하나님 아버지를 경험하는 것이 신앙생활에 있어서 매우 중요합니다.

믿음은 신뢰하는 것입니다. 신뢰는 관계에 기초합니다. 경험을 통해 관계가 깊어집니다. 때로는 위기를 경험하며 관계가 깊어집니다. 욥은 오랫동안 고난을 겪었습니다. 욥은 고난의 시간을 통해 하나님의 임재를 경험했습니다. 그리고 욥은 자신이 하나님을 온전히 신뢰하지 못한 것을 회개했습니다. 이후 하나님을 깊이 신뢰했습니다. 그리고 온전하게 회복했습니다.

하나님 아버지를 신뢰하는 것, 이것이 신앙생활의 전부입니다. 하나님을 신뢰하는 사람은 인내할 수 있습니다. 하나님의 때를 기다릴 수 있습니다. 그러나 하나님을 추상적, 관념적으로 생각하는 사람은 하나님을 신뢰하기 어렵습니다. 하나님의 때를 기다리기 어렵습니다. 하나님이 어떻게 하실지 알 수 없는데 어떻게 기다릴 수 있겠습니까?

상대가 불완전하고 변덕스러우면 신뢰할 수 없습니다. 이기적인 사람은 신뢰할 수 없습니다. 그러나 하나님은 변함없으십니다. 하나님은 사랑이십니다(요일 4:16). 하나님은 자기 아들을 아끼지 않으시고 우리를 위해 내어주셨습니다(롬 8:32). 하나님은 우리를 사랑하시되 끝까지 사랑하십니다(요 13:1).

아들의 특권을 누립시다

누가복음 15장에 보면, 아버지는 망가지고 깨어진 모습으로 돌아오는 탕자를 다시 아들로 맞아 주었습니다. 아들을 기다리는 아버지의 모습은 분별력도 기준도 없어 보입니다. 집 떠난 아들을 기다리는 아버지가 우리의 하나님 아버지이십니다. 하나님이 우리의 아버지이신 것을 신뢰할 때 우리는 하나님이 주시는 평안을 경험할 수 있습니다.

하나님 아버지는 초월자이십니다. 그런데 하나님은 우리를 위해 아버지가 되어 주셨습니다. 우리는 하나님이 아버지이신 것을 누려야 합니다. 그것이 하나님의 자녀가 가진 특권입니다.

하나님이 우리의 아버지이신 것을 신뢰하는 것이 대단한 업적을 세우는 것보다 중요합니다. 하나님 아버지를 신뢰하는 것이 그분을 기쁘시게 하는 것입니다. 하나님을 아버지로 온전히 신뢰할 때 우리의 믿음이 깊어집니다.

벳새다 들판에서 예수님은 물고기 두 마리, 보리떡 다섯 개로 많은 사람을 먹이셨습니다. 이것은 상징적인 사건입니다.

> 내가 곧 생명의 떡이니라 너희 조상들은 광야에서 만나를 먹었어도 죽었거니와 이는 하늘에서 내려오는 떡이니 사람으로 하여금 먹고 죽지 아니하게 하는 것이니라 나는 하늘에서 내려온 살아 있는 떡이니 사람이 이 떡을 먹으면 영생하리라 내가 줄 떡은 곧 세상의 생명을 위한 내 살이니라 하시니라 요 6:48-51

또 예수님은 성만찬을 행하시며 "받아서 먹으라 이것은 내 몸이니라(마 26:26)"고 말씀하셨습니다. 예수님이 주시는 떡을 먹는 것은 그의 몸을 먹는 것과 같습니다. 밥을 먹는 것이 우리의 일상이듯 하나님을 경험하는 것이 우리의 일상이 되어야 합니다.

> 이스라엘 자손이 그들에게 이르되 우리가 애굽 땅에서 고기 가마 곁에 앉아 있던 때와 떡을 배불리 먹던 때에 여호와의 손에 죽었더라면 좋았을 것을 너희가 이 광야로 우리를 인도해 내어 이 온 회중이 주려 죽게 하는도다 출 16:3

이스라엘 백성들은 하나님의 자녀가 되는 것보다 애굽의 노예가 되는 것이 더 낫다고 했습니다. 참 무서운 이야기입니다. 그런데 이것은 오늘날 세상 사람들의 모습이기도 합니다. 하나님을 보지 못하는 사람들은 돈이 전부라고 생각합니다. 그들에게는 돈만 보입니다. 다른 것은 보이지 않습니다. 애굽의 노예가 되는 것이 더 낫다고 말하는 이스라엘 백성들과 다를 바 없습니다.

물질이 우상이 된 시대입니다. 돈이 사람을 지배하는 세상입니다. 사람들은 돈이면 다 된다고 생각합니다. 돈을 벌 수 있다면 자존심을 버릴 수도 있다고 생각합니다. 하나님의 자녀로서의 정체성을 포기할 수 있다고 생각합니다. 무엇이든 할 수 있다고 생각합니다.

> 예수께서 대답하여 이르시되 기록되었으되 사람이 떡으로만 살 것이 아니요 하나님의 입으로부터 나오는 모든 말씀으로 살 것이라 하였느니라 하시니 마 4:4

우리는 떡으로만 살 수 없다는 것을 기억하고 살아야 합니다. 물론 떡은 필요합니다. 밥을 먹어야 삽니다. 그러나 그게 전부는 아닙니다. 그런데 세상 사람들은 떡만으로 살 수 있을 것으로 생각하고 삽니다.

사람이 떡만을 위해 살면 어떻게 될까요? 처음에는 조금만 있어도 만족합니다. 편리함과 안정감, 안락함을 경험합니다. 그러나 떡을 추구할수록 부족함을 느낍니다. 만족하지 못합니다. 왜 그럴까요? 사람의 내면에 욕망이 있기 때문입니다. 만족하지 못하는 것이 사람의 본성입니다. 사람은 욕망을 채우려고 노력하지만 아무리 노력해도 만족하지 못합니다. 마귀는 욕망을 공격합니다. 그래서 사람의 내면에서 전쟁이 벌어집니다. 그래서 사람이 타락합니다.

예수님은 마귀의 유혹을 이기셨습니다. 어떻게 이기셨습니까? 자기 생각으로 이기신 것이 아닙니다. 하나님의 말씀으로 이기셨습니다. 반면에 에덴동산에서 하와는 하나님의 말씀에 자신의 생각을 덧붙였습니다. 그래서 마귀를 이길 수 없었습니다. 마귀와 논쟁하려고 해서는 안 됩니다. 마귀의 시험은 강력합니다. 우리의 생각이나 이론, 세상의 논리로는 마귀를 이길 수 없습니다. 오직 하나님의 말씀으로만 마귀를 이길 수 있습니다.

구원의 투구와 성령의 검 곧 하나님의 말씀을 가지라 엡 6:17

전신 갑주 가운데 '성령의 검'은 마귀를 공격하는 강력한 무기입니다. 성령 안에서 하나님의 말씀은 강력한 무기가 됩니다. 하나님의 말씀으로 마귀를 공격해야 합니다. 말씀으로 마귀를 이길 수 있습니다. 말씀보다 강력한 무기는 없습니다.

하나님의 말씀을 무기로 사용하려면 밥을 먹듯 말씀을 먹어야 합니다. 말씀으로 배불러야 합니다. 말씀으로 만족해야 합니다. 위험한 때에 말씀이 생각나야 합니다. 그렇게 하려면 하나님의 말씀을 주야로 묵상해야 합니다. 평소 말씀을 가까이해야 합니다. 말씀을 익숙하게 사용해야 합니다. 말씀 가운데 살아야 합니다.

하나님의 말씀을 알 뿐 아니라 순종할 때 말씀이 가진 위력을 경험할 수 있습니다. 하나님의 말씀을 의지하고 살 때 영적 전쟁에서 승리할 수 있습니다. 하나님의 말씀이 우리의 생각과 마음을 지배할 때 그 말씀이 우리의 입을 통해 나올 수 있습니다.

말씀을 묵상하는 것은 삶 속에서 적용하고 순종하는 것입니다. 말씀을 머리로만 이해하는 것은 묵상이 아닙니다. 하나님의 말씀대로 순종하며 살 때 말씀이 영적 전쟁의 무기가 됩니다. 말씀대로 순종하며 사는 사람은 빛 가운데 삽니다. 말씀으로 마귀를 이깁니다.

하나님의 말씀은 우리의 영혼에 힘을 줍니다. 그래서 우리는 낙심하지 않습니다. 두려운 것이 없습니다. 지혜와 분별력이 생깁니다. 하나님의 말씀은 우리에게 살아가는 에너지를 공급합니다. 그러므로 우리는 말씀으로 삽니다. 말씀이 우리를 살게 합니다. 말씀은 우리를 다시 일어나게 합니다. 그러므로 하나님의 말씀을 가까이해야 합니다.

예수님처럼 성령의 검인 하나님의 말씀으로 마귀를 공격하기 바랍니다. 그러려면 말씀으로 준비되어 있어야 합니다. 깨어 기도해야 합니다. 평소 말씀의 위력을 경험해야 합니다.

떡은 우리를 살릴 수 없습니다. 하나님의 말씀이 우리를 살립니다. 우리의 삶은 하나님 손에 있습니다. 하나님이 우리의 생존을 책임지십니다.

그러므로 하나님의 자녀로 살아가기 바랍니다. 하나님의 나라와 의를 구하기 바랍니다. 하나님의 영광을 위해 살아가기 바랍니다.

13장.
예배의 일상으로 승리하라

Victory

마태복음 4:5-11

5 이에 마귀가 예수를 거룩한 성으로 데려다가 성전 꼭대기에 세우고 6 이르되 네가 만일 하나님의 아들이어든 뛰어내리라 기록되었으되 그가 너를 위하여 그의 사자들을 명하시리니 그들이 손으로 너를 받들어 발이 돌에 부딪치지 않게 하리로다 하였느니라 7 예수께서 이르시되 또 기록되었으되 주 너의 하나님을 시험하지 말라 하였느니라 하시니 8 마귀가 또 그를 데리고 지극히 높은 산으로 가서 천하 만국과 그 영광을 보여 9 이르되 만일 내게 엎드려 경배하면 이 모든 것을 네게 주리라 10 이에 예수께서 말씀하시되 사탄아 물러가라 기록되었으되 주 너의 하나님께 경배하고 다만 그를 섬기라 하였느니라 11 이에 마귀는 예수를 떠나고 천사들이 나아와서 수종드니라

마귀는 우리의 욕망을 자극합니다

우리는 하늘의 권세, 즉 영적 권세를 가지고 살아야 세상의 지배를 받지 않습니다. 하나님의 자녀답게 살 수 있습니다. 그런데 마귀는 이 권세를 가지지 못하도록 우리를 공격합니다. 우리는 마귀와 싸워 이겨야 합니다.

마귀는 거세게 우리를 유혹합니다. 마귀의 유혹은 에덴동산에서부터 지금까지 계속 이어지고 있습니다. 유혹의 방법만 달라졌을 뿐, 유형은 다르지 않습니다. 마귀는 육신의 정욕, 안목의 정욕, 이생의 자랑을 통해 우리를 유혹합니다. 육신의 정욕, 안목의 정욕, 이생의 자랑으로부터 자유로운 사람은 없습니다. 마귀의 유혹을 어떻게 이겨 내는가에 따라 삶이 달라집니다.

우리에게는 죄성이 있습니다. 그러므로 마귀가 우리를 유혹하면 우리는 넘어질 수 있습니다. 마귀는 우리를 넘어뜨리려고 접근합니다. 마귀는 우리에게서 영적 권세를 빼앗기 위해 시험하고, 유혹하고, 공격합니다. 우리가 마귀의 시험을 이기지 못하면 영적 권세를 잃을 수밖에 없습니다.

존 파이퍼 목사(John Piper)는 그의 책《돈, 섹스 그리고 권력

(Living in the Light:Money, Sex and Power)》에서 돈, 성, 권력이 인간에게 가장 위험한 기회라고 말했습니다. 세 가지는 우리가 살면서 누구나 대면하는, 위험한 유혹입니다. 우리는 돈과 성, 권력에 대한 성경적 관점을 가져야 합니다.

돈과 성, 권력은 밀접하게 연결되어 있습니다. 오늘날 일어나는 사건과 사고들은 돈, 성, 권력과 무관하지 않습니다. 돈을 가진 사람은 권력을 가지고 싶어 하고, 권력을 가진 사람은 돈을 가지고 싶어 합니다. 돈과 권력을 가진 사람은 쾌락을 추구하려고 합니다. 돈은 잘 쓰면 선한 도구가 되지만, 악한 사람이 가지면 악의 도구가 될 수 있습니다. 성(性)도 마찬가지입니다. 성은 아름다운 것입니다. 그러나 올바르지 않은 관계 속에서 성을 통해 자신의 욕망을 해소하려고 하면 그 사람은 성 때문에 불행해집니다. 명예는 좋은 것입니다. 사람들에게 존경받는 것은 아름답습니다. 그러나 사람들에게 매력적으로 보이기 위해 자신의 명예를 사용하는 것은 위험합니다.

마귀는 예수님을 세 번 시험했습니다. 그중 첫 번째 유혹은 돌을 떡덩이로 바꿔 보라는 유혹이었습니다. 이것은 돈과 관계있는 시험입니다. 그리고 마귀는 예수님을 거룩한 성으로 데리고 가서 꼭대기에 세웠습니다. 그리고 거기서 뛰어내려 보라고 했습니다. 네가 하나님의 아들이라면 하나님이 사자들을 명령해 너를 받들어 죽지 않게 하지 않겠느냐고 했습니다. 멋지게 보이라는 것입니다. 사람들의 이목을 집중시키라는 의미입니다. 이것은 인기, 명성과 관계있는 시험입니다.

이르되 네가 만일 하나님의 아들이어든 뛰어내리라 기록되었으되 그가 너를 위하여 그의 사자들을 명하시리니 그들이 손으로 너를 받들어 발이 돌에 부딪치지 않게 하리로다 하였느니라 마 4:6

세상 사람들은 명성을 추구합니다. 직책, 지위에 관심이 많습니다. 많은 사람의 인기를 얻으려고 합니다. 칭찬받고 싶어 합니다. 그러나 이것은 위험한 생각입니다. 자신이 가진 권력을 잘 사용하면 얼마든지 좋은 것이 될 수 있습니다. 평화로운 공동체를 만들려면 정의를 행해야 합니다. 올바르게 정치해야 합니다. 그런데 사람들은 권력을 가지면 더 많이 가지고 싶어 합니다. 권력욕을 가진 사람은 계속해서 높이 올라가려고 합니다. 이것이 권력의 속성입니다.

너 아침의 아들 계명성이여 어찌 그리 하늘에서 떨어졌으며 너 열국을 엎은 자여 어찌 그리 땅에 찍혔는고 네가 네 마음에 이르기를 내가 하늘에 올라 하나님의 뭇 별 위에 내 자리를 높이리라 내가 북극 집회의 산 위에 앉으리라 가장 높은 구름에 올라가 지극히 높은 이와 같아지리라 하는도다 사 14:12-14

마귀는 "네가 강자가 되라", "네가 하나님이 되라"고 우리를 유혹합니다. 사람의 내면에 있는 교만을 부추깁니다. 교만은 마귀의 속성입니다.

또 마귀는 사람의 내면에 있는 욕망을 계속 자극합니다. 마귀는 성공한 것으로 만족하지 못하게 합니다. 성공 후에 또 다른 것을 갈망하게 합니다. 돈을 번 것으로 만족하지 못하고 더 많이 벌고 싶은 욕망을 갖게 합니다. 마귀는 어떤 형태로든 우리를 유혹하여 죄를 짓게 합니다. 마귀는 우리의 삶을 파괴합니다. 그래서 하나님을 떠나게 하고 배신하게 합니다. 자신의 소명을 잊게 합니다. 이것이 마귀의 목적입니다.

죄인은 모든 것을 자기중심으로 생각합니다. 돈을 자기중심으로 사용하면 사치하게 되고 낭비하게 됩니다. 육체의 즐거움을 위해 돈을 씁니다. 권력을 자기중심으로 이용하면 독재자가 됩니다. 자신이 가진 권력으로 국민을 괴롭힙니다. 권력을 이용하여 자신을 드러내려고 합니다.

왕궁 옥상을 거닐다가 밧세바가 목욕하는 것을 본 다윗은 자신이 권력을 사용하여 밧세바를 자신의 아내로 삼으려고 했습니다. 밧세바의 남편 충신 우리아를 맹렬한 전쟁에 앞장서게 하여 우리아를 죽게 했습니다. 다윗은 왕이라는 자신의 권력을 이상하게 사용했습니다. 그는 자신의 욕망을 이루는 데 권력을 사용했습니다.

예수님은 전지전능하십니다. 얼마든지 높은 곳에서 뛰어내리실 수 있었습니다. 그러나 예수님은 가진 힘을 자신을 위해서는 사용하지 않으셨습니다. 자신의 문제를 해결하는 데 가진 힘을 사용하지 않으셨습니다.

너는 이것을 알라 말세에 고통하는 때가 이르러 사람들이 자기를 사랑하며 돈을 사랑하며 자랑하며 교만하며 비방하며 부모를 거역하며 감사하지 아니하며 거룩하지 아니하며 딤후 3:1-2

돈은 잘못된 것이 아닙니다. 돈을 사랑하는 것이 문제입니다. 무엇이든 사랑하는 사람은 자신이 사랑하는 것에 사로잡힙니다. 돈을 사랑하는 사람은 돈에 사로잡힙니다. 그래서 돈으로 인해 파멸합니다.

부하려 하는 자들은 시험과 올무와 여러 가지 어리석고 해로운 욕심에 떨어지나니 곧 사람으로 파멸과 멸망에 빠지게 하는 것이라 돈을 사랑함이 일만 악의 뿌리가 되나니 이것을 탐내는 자들은 미혹을 받아 믿음에서 떠나 많은 근심으로써 자기를 찔렀도다 딤전 6:9-10

돈과 권력은 사람을 착각하게 합니다. 사람들은 돈으로 무엇이든 할 수 있다고 생각합니다. 돈을 가지면 자신이 누구인지 잊습니다. 권력에 도취하면 자신이 누구인지 알지 못합니다.

우리는 예배하기 위해 창조되었습니다

오늘날 세상의 문화는 자기중심적입니다. 세상 사람들은 자신을 지나치게 사랑합니다. 모든 것을 자기중심으로 생각합니다. 이것은 잘못된 사랑입니다. 자신을 지나치게 사랑하는 사람은 자기 만족과 성취에 집중합니다. 자신에게 집착합니다.

> 마귀가 또 그를 데리고 지극히 높은 산으로 가서 천하 만국과 그 영광을 보여 이르되 만일 내게 엎드려 경배하면 이 모든 것을 네게 주리라
> 마 4:8-9

마귀는 예수님을 높은 산으로 데리고 가서 세상의 화려한 것을 보여 주며 "만일 내게 엎드려 경배하면 이 모든 것을 네게 주리라"고 말했습니다. 마귀는 환상적인 세상을 약속합니다. 그러나 마귀는 우리에게 줄 수 있는 것이 없습니다. 이 시대에는 마귀의 거짓말에 속아 허구를 믿는 사람이 많습니다. 마귀는 거짓의 아비입니다(요 8:44). 그런데 사람들은 마귀가 거짓말쟁이인 것을 잊고 마귀의 말에 속습니다.

하나님의 자리에 다른 것이 있다면 그것은 우상입니다. 그런데 오늘날 하나님의 자리에 돈을, 권력을 두고 그것을 숭배하는 사람이 많습니다. 이런 사람은 최종적으로 하나님의 자리에 자신을 둡니다. 그래서 돈이든 권력이든 명예든 모든 것을 자기를

위한 것이라고 생각합니다. 모든 것이 자신을 위해 존재한다고 생각합니다.

> 썩어지지 아니하는 하나님의 영광을 썩어질 사람과 새와 짐승과 기어다니는 동물 모양의 우상으로 바꾸었느니라… 이는 그들이 하나님의 진리를 거짓 것으로 바꾸어 피조물을 조물주보다 더 경배하고 섬김이라 주는 곧 영원히 찬송할 이시로다 아멘 롬 1:23, 25

우상은 거짓 신입니다. 거짓 신을 숭배하는 사람은 큰 혼란을 겪습니다. 모든 것이 무질서해집니다. 하나님이 아닌 다른 것을 하나님으로 여길 때, 모든 것이 혼란해집니다. 온전한 것이 하나도 없습니다. 그런데 우리의 힘으로는 우상에서 벗어나지 못합니다.

사람이 우상을 만들었습니다. 사람은 무엇이든 우상으로 바꿀 수 있습니다. 종교개혁자 장 칼뱅(John Calvin)은 "사람의 마음은 우상을 만들어 내는 우상 공장이다"라고 말했습니다. 현대 사회는 우상 사회입니다. 고대 사회에서는 신전을 짓고 거대한 동상을 세웠습니다. 그러나 오늘날에는 전혀 다른 형태의 우상이 등장합니다.

지금은 우상의 종류가 많아졌습니다. 더 은밀해지고 다양해졌습니다. 눈에 보이지 않는 우상도 많습니다. 사람의 내면에 우상이 있기 때문입니다. 사람들은 무엇이든 우상으로 만들려고 합니다. 사람이 만든 우상이 사람의 마음을 지배합니다. 이처럼 자기가 만든 우상의 지배를 받는 세상입니다.

팀 켈러(Timothy J. Keller) 목사는 《내가 만든 신(Counterfeit gods)》에서 "내가 만든 신은 반드시 나를 배신한다"라고 했습니다. 사람은 자신이 만든 우상을 숭배합니다. 그런데 우상은 사람을 만족시키지 못합니다. 우상은 사람을 실망시킵니다. 사람을 불행하게 합니다. 삶을 무너뜨립니다. 거짓된 길로 이끕니다. 그래서 헛된 것을 계속 찾게 합니다.

우리는 예배의 대상이 누구인가를 생각해야 합니다. 에덴동산에서 뱀은 하와에게 "너희가 그것을 먹는 날에는 너희 눈이 밝아져 하나님과 같이 되어 선악을 알 줄 하나님이 아심이니라"(창 3:5)고 말하며 하와를 유혹했습니다. 이것은 "네가 하나님이 되라"는 의미입니다.

사람들은 돈과 권력을 가지려고 노력합니다. 사람들은 자신이 하나님이 되기 위해 돈과 권력을 가지려고 합니다. 사람들은 하나님이 없는 존재가 되려고 합니다. 그러므로 오늘날 신흥종교의 교주는 나, 자아입니다. 오늘날 하나님의 경쟁 상대는 나입니다. 이것은 마귀가 원하는 것입니다.

그러나 사람은 하나님이 될 수 없습니다. 사람이 하나님이 되려고 하는 순간, 불행이 시작됩니다. 불완전한 사람이 하나님이 되면 이 세상이 어떻게 되겠습니까. 혼돈으로 가득하게 될 것입니다. 세상은 절망할 것입니다.

> 이에 예수께서 말씀하시되 사탄아 물러가라 기록되었으되 주 너의 하나님께 경배하고 다만 그를 섬기라 하였느니라 이에 마귀는 예수를 떠나고 천사들이 나아와서 수종드니라 마 4:10-11

예수님은 자신이 누구인지, 자신이 왜 이 세상에 왔는지 분명하게 아셨습니다. 자신이 존재하는 목적과 하나님의 아들이라는 정체성을 분명하게 아셨습니다. 인류를 구원하기 위해 이 세상에 오신 것을 분명하게 아셨습니다. 그래서 예수님은 마귀에게 미혹되지 않으셨습니다. 예수님은 마귀에게 일격을 가하셨습니다.

내가 누구인가를 아는 것이 중요합니다. 자신의 정체성을 분명하게 아는 사람은 마귀에게 미혹되지 않습니다. 자신의 존재 목적을 아는 사람은 자신을 창조하신 하나님을 경배하고 섬길 수밖에 없습니다.

우리는 오직 하나님만 예배해야 합니다. 이보다 중요한 것은 없습니다. 하나님은 하나님을 예배하도록 사람을 창조하셨습니다. 그러므로 사람은 예배하는 존재입니다. 우리는 하나님을 높이기 위해 존재합니다. 하나님을 하나님으로 드러내고 인정하기 위해 존재합니다.

철학자 데카르트(René Descartes)는 "나는 생각한다. 그러므로 나는 존재한다"라고 말했습니다. 그러나 우리는 "나는 예배한다. 그러므로 나는 존재한다"라고 말해야 합니다. 하나님은 분명한 목적을 가지고 사람을 창조하셨습니다. 우리는 우리가 왜 존재하는가를 생각해야 합니다. 사람은 예배하는 존재입니다. 사람은 하나님의 창조 목적에 맞게 살아야 합니다. 그러므로 사람은 하나님을 예배할 때, 가장 사람다워집니다. 하나님을 예배할 때, 모든 것이 회복됩니다.

하나님을 하나님으로 예배하지 않으면, 문제가 발생할 수밖에 없습니다. 하나님을 온전히 예배하지 않으면 다른 것이 하나님이 되려고 합니다. 하나님을 하나님으로 예배하는 교회에는 아무 문제가 없습니다. 평화롭습니다. 그러나 하나님을 하나님으로 예배하지 않기 때문에 교회 안에 문제가 발생합니다. 예배가 회복되면 모든 문제가 회복됩니다.

예배는 하나님을 인정하고 존중하는 것입니다. 누가 하나님을 예배할 수 있습니까? 하나님의 영광을 경험한 사람이 하나님을 예배할 수 있습니다. 하나님의 영광과 비교할 수 있는 것은 없습니다. 하나님의 영광을 경험한 사람은 그 영광에 압도됩니다. 그러므로 하나님의 영광을 경험한 사람은 세상의 영광을 부러워하지 않습니다.

마귀는 우리가 하나님을 예배하지 못하도록 방해합니다. 그런 방법으로 하나님을 공격합니다. 마귀가 예수님을 시험한 것은 하나님의 아들이신 예수님을 공격한 것이요 동시에 하나님을 공격한 것입니다.

마귀는 창조주 하나님을 반역합니다. 하나님께 도전합니다. 하나님의 자리를 차지하려고 합니다. 마귀는 사람들의 마음에 하나님에 대한 반항심이 생기게 합니다. 마귀는 사람들을 통해 하나님을 반역하는 자신의 목적을 이루려고 합니다.

오늘날 하나님을 거부하고 하나님을 조롱하는 문화는 마귀의 교묘한 전략에서 비롯된 것입니다. 마귀는 우리를 하나님으로부터 분리하려고 합니다. 마귀는 우리가 예배드리는 것, 하나님을 하나님으로 인정하고 높이는 것을 가장 싫어합니다. 그러므로 우리는 예배를 통해 마귀를 공격해야 합니다.

사람들이 왜 방황합니까? 사람들은 예배할 대상을 찾지만, 참된 예배의 대상을 찾지 못했기 때문에 방황합니다. 하나님을 만날 때까지, 온전한 예배를 경험할 때까지 사람들은 계속 방황합니다. 사람들은 하나님을 만나기 전에는 세상의 영광에 취하여 삽니다.

예배는 바라보는 것입니다. 사람은 자신이 바라보는 것을 닮습니다. 그러므로 예배하는 사람은 예배하는 대상을 닮습니다. 우리가 하나님을 예배할 때, 하나님을 닮습니다.

우리는 하나님을 예배해야 합니다. 하나님을 더 알아 가야 합니다. 하나님을 더 알아 갈 때, 예배가 깊어집니다. 우리는 예배의 감격을 경험해야 합니다. 예배가 인생의 가장 큰 기쁨이어야 합니다. 예배를 통해 평안을 누려야 합니다. 예배를 통해 최고의 즐거움을 경험해야 합니다.

하나님은 사람을 하나님의 형상으로 창조하셨습니다. 하나님은 하나님을 예배하는 존재로 사람을 창조하셨습니다. 그런데 사람이 하나님을 예배하지 않고 우상을 숭배하고 죄를 범하여 사람의 모습이 망가졌습니다. 우리가 하나님을 온전히 예배할 때, 하나님의 형상이 회복됩니다.

하나님을 온전히 예배하는 사람은 아름답습니다. 하나님을 온전히 예배할 때, 우리 안에 있는 염려가 사라집니다. 하나님 안에서 온전한 자유를 경험할 수 있습니다. 하나님의 성품을 닮아갑니다. 하나님은 존귀하신 하나님을 섬기는 자들을 존귀하게 하십니다. 우리가 하나님을 온전히 예배할 때, 우리의 영혼이 회복됩니다.

우리는 우리의 만족을 위해 살아서는 안 됩니다. 우리의 행복을 위해 살아서는 안 됩니다. 우리가 하나님을 높이며 살 때, 우리는 만족할 수 있고 행복할 수 있습니다. 그러므로 일상 가운데 예배자로 살아가기를 바랍니다.

우리는 영원을 위해 삽니다

우리는 하나님의 영광을 세상에 드러내어야 합니다. 그리하여 열방이 하나님의 영광을 보게 해야 합니다. 하나님을 예배하게 해야 합니다. 이것이 우리의 소명입니다.

세상은 무질서합니다. 혼돈 가운데 있습니다. 사람들은 자신이 누구인지 알지 못합니다. 모든 것이 마귀의 소행입니다. 그러므로 예배를 통해 모든 것이 회복되어야 합니다. 하나님의 성품을 세상에 드러내야 합니다. 사랑을 실천해야 합니다.

세상은 영적 전쟁터입니다. 하나님의 나라와 사탄의 나라 간의 전쟁이 벌어지고 있습니다. 갈수록 싸움은 치열해집니다. 이때 우리는 우리가 어디에 속했는가를 기억해야 합니다. 우리는 하나님 나라에 속한 하나님의 사람입니다. 우리는 영원을 위해 삽니다.

기독교 철학자인 제임스 스미스(James K. A. Smith)는 《하나님 나라를 욕망하라(Desiring the Kingdom)》에서 "우리의 욕망이 하나님 나라를 향하도록 하라"고 말했습니다. C.S. 루이스(C.S. Lewis)는 "사람의 욕망은 약하다. 사람의 욕망이 강했더라면 하나님을 갈망했을 것이다", "만약 우리가 이 세상의 어떤 것으로도 만족할 수 없다면, 우리는 이 세상을 위해 창조된 존재가 아니기 때문이다"라고 말했습니다. 어거스틴(St. Augustine)은 그의 저서 《고백록(Confessions)》에서 "당신은 우리가 당신을 향하도록 창조하셨습니다. 그러므로 우리의 마음은 당신 안에서 쉬기까지 안식할 수 없습니다"라고 말했습니다.

우리는 하나님 안에서 안식할 수 있습니다. 우리는 오직 하나님으로 만족할 수 있습니다. 예배는 하나님 안에서 쉬는 것입니다. 우리는 예배를 통해 하나님 안에서, 하나님으로 인해 참으로 만족할 수 있습니다.

무엇을 욕망하고 있습니까? 자아를 주목하지 마십시오. 세상을 주목하지 마십시오. 오직 하나님을 갈망하기 바랍니다. 하나님을 바라보기 바랍니다. 우리는 마음을 다하고 목숨을 다하고 뜻을 다하고 힘을 다하여 하나님을 사랑해야 합니다. 이것이 가장 중요합니다.

> … 너희가 섬길 자를 오늘 택하라 오직 나와 내 집은 여호와를 섬기겠노라 하니 수 24:15b

이것은 적극적으로 선택하라는 의미입니다. 애매모호하게 행동하지 말라는 의미입니다. 마귀는 우리를 가만히 두지 않습니다. 그러므로 우리는 "나는 하나님을 섬깁니다"라고 분명하게 선포해야 합니다. 우리가 분명하게 결단하지 않으면 세상의 공격을 받을 수 있습니다.

> 이 세상이나 세상에 있는 것들을 사랑하지 말라 누구든지 세상을 사랑하면 아버지의 사랑이 그 안에 있지 아니하니 이는 세상에 있는 모든 것이 육신의 정욕과 안목의 정욕과 이생의 자랑이니 다 아버지께로부터 온 것이 아니요 세상으로부터 온 것이라 이 세상도, 그 정욕도 지나가되 오직 하나님의 뜻을 행하는 자는 영원히 거하느니라 요일 2:15-17

오직 하나님만 예배하기 바랍니다. 하나님을 위해 살아가기 바랍니다. 다른 것을 주목하지 마십시오. 예수님은 승리하셨습니다. 우리는 승리하신 예수님의 군사입니다. 예수님은 하나님의 보좌 우편에서 우리를 위해 중보하십니다. 예수님은 우리가 예수님과 함께 승리할 수 있도록 중보하십니다.

성령님은 우리와 동행하십니다. 성령님은 우리를 떠나지 않으십니다. 광야와 같은 세상에서 성령님과 함께 승리하기 바랍니다. 성령의 능력으로 말미암아 승리하기 바랍니다.